Querido(a)
Lucas e eu desejamos a você que comprou este livro, muita alegria, sabedoria, aprendizado, autoconhecimento, paz, equilíbrio, e que a mensagem por ele trazida, conforte seu coração e preencha qualquer dúvida em relação à vida eterna. Que a felicidade seja parte de sua vida todos os dias.

pelo Espírito LUCAS

ACONTECEU NO UMBRAL

Book Espírita Editora
1ª Edição
| Rio de Janeiro | 2023 |

OSMAR BARBOSA

BOOK ESPÍRITA EDITORA

Capa
Marco Mancen

Projeto Gráfico e Diagramação
Alone Editorial

Imagens capa e miolo
Depositphotos / Pixabay

Revisão
Camila Coutinho

Marketing e Comercial
Michelle Santos

Pedidos de Livros e Contato Editorial
comercial@bookespirita.com.br

Copyright © 2023 by
BOOK ESPÍRITA EDITORA
Região Oceânica, Niterói,
Rio de Janeiro.

1ª edição
Prefixo Editorial: 991053
Impresso no Brasil

Dados Internacionais de Catalogação na Publicação (CIP)
(Câmara Brasileira do Livro, SP, Brasil)

```
Lucas (Espírito)
   Aconteceu no Umbral / ditado pelo espírito
Lucas, [psicografado por] Osmar Barbosa. --
1. ed. -- Niterói, RJ : Osmar B. Santos, 2023.

   ISBN 978-65-89628-23-1

   1. Doutrina espírita 2. Espiritismo
3. Mediunidade 4. Psicografia I. Barbosa, Osmar.
II. Título.
```

23-141728   CDD-133.93

Índices para catálogo sistemático:

1. Psicografia : Espiritismo   133.93

Aline Graziele Benitez - Bibliotecária - CRB-1/3129

Todos os direitos reservados e protegidos pela Lei 9.610, de 19/02/1998. Nenhuma parte deste livro pode ser reproduzida ou transmitida por quaisquer formas ou meios eletrônicos ou mecânicos, incluindo fotocópia, gravação, digitação, entre outros, sem permissão expressa, por escrito, dos editores.

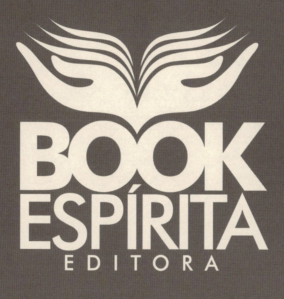

Recomendamos a leitura dos outros livros psicografados por Osmar Barbosa para maior familiarização com os Espíritos que estão neste livro.

O Editor.

O autor doou todos os direitos desta obra à
Fraternidade Espírita Amor e Caridade.
www.hospitalamorecaridade.org

Outros livros psicografados por Osmar Barbosa

Cinco Dias no Umbral

Gitano – As Vidas do Cigano Rodrigo

O Guardião da Luz

Orai & Vigiai

Colônia Espiritual Amor e Caridade

Ondas da Vida

Antes que a Morte nos Separe

Além do Ser – A História de um Suicida

A Batalha dos Iluminados

Joana D'Arc – O Amor Venceu

Eu Sou Exu

500 Almas

Cinco Dias no Umbral – O Resgate

Entre nossas Vidas

O Amanhã nos Pertence

O Lado Azul da Vida

Mãe, Voltei!

Depois

O Lado Oculto da Vida

Entrevista com Espíritos – Os Bastidores do Centro Espírita

Colônia Espiritual Amor e Caridade – Dias de Luz

O Médico de Deus

Amigo Fiel

Impuros – A Legião de Exus

Vinde à Mim

Autismo – A escolha de Nicolas

Umbanda para Iniciantes

Parafraseando Chico Xavier

Cinco Dias no Umbral – O Perdão

Acordei no Umbral

A Rosa do Cairo

Deixe-me Nascer

Obssessor

Regeneração – Uma Nova Era

Deametria – Hospital Espiritual Amor e Caridade

A Vida depois da Morte

Deametria – A Desobsessão Modernizada

O Suicídio de Ana

Cinco Dias no Umbral – O Limite

Guardião – Exu

Colônia Espiritual Laços Eternos

Despertando o Espiritual

Conheça um pouco mais de Osmar Barbosa:
www.osmarbarbosa.com.br

Agradecimentos

Agradeço, primeiramente, a Deus, por ter me concedido esse verdadeiro privilégio de servir humildemente como um mero instrumento dos planos superiores.

A Jesus Cristo, espírito modelo, por guiar, conduzir e inspirar meus passos nessa desafiadora jornada terrena.

Agradeço ao Lucas e aos demais espíritos pela oportunidade e por permitir que essas humildes palavras, registradas neste livro, ajudem às pessoas a refletirem sobre suas atitudes, evoluindo.

Agradeço, ainda, aos meus familiares, pela cumplicidade, compreensão e dedicação. Sem vocês ao meu lado, me dando todo tipo de suporte, nada disso seria possível.

E a você, leitor, que comprou este livro e com a sua colaboração nos ajudará a levar a Doutrina Espírita, e todos os seus benefícios e ensinamentos, para mais e mais pessoas.

Obrigado!

A todos, os meus mais sinceros agradecimentos.

Osmar Barbosa

> *A missão do médium é o livro.*
> *O livro é chuva que fertiliza lavouras imensas,*
> *alcançando milhões de almas.*

Emmanuel

Sumário

19 | PREFÁCIO

33 | O DESDOBRAMENTO

41 | O PREFEITO

55 | O UMBRAL

87 | UM PASSO ADIANTE

105 | TREVAS

121 | O PORTAL

155 | A GRANDE LIÇÃO

167 | O ABISMO

L.E., questão 234. Há, de fato, como já foi dito, mundos que servem de estações e de pontos de repouso aos Espíritos errantes?

"

Sim, há mundos particularmente destinados aos seres errantes, mundos que lhes podem servir de habitação temporária, espécies de bivaques, de campos onde descansem de uma demasiado longa erraticidade, estado este sempre um tanto penoso. São, entre os outros mundos, posições intermédias, graduadas de acordo com a natureza dos Espíritos que a elas podem ter acesso e onde eles gozam de maior ou menor bem-estar.

"

Allan Kardec

Prefácio

Na perspectiva da continuidade da vida para além da morte do corpo físico, que, aliás, conforme as evidências científicas relatadas nos dias de hoje, é justo e lógico que assim seja, pois, sendo espíritos eternos, nós somos hoje o que fomos ontem e, assim, sucessivamente, é possível afirmar que a Natureza não dá saltos evolutivos, e ninguém se salva em uma só encarnação. Vale lembrar também que ninguém vira santo porque morre.

A evolução faz-se gradativa e paulatinamente, daí a necessidade de trabalharmos o nosso mundo íntimo, de modo que, quando a vida nos chamar para o novo plano existencial (o plano espiritual), possamos fazer essa transição o mais serenamente possível, no que concerne ao nosso estado de alma, ao nosso íntimo.

Sinceramente, eu gostaria de trazer boas notícias da situação atual do Umbral – e de suas regiões ou subdivisões como preferir, mas, infelizmente, as coisas por lá não andam muito boas.

Todos nós, espíritas ou não, sabemos que o nosso planeta passa por um momento muito peculiar; você não precisa acreditar em espíritos ou no espiritismo para perceber que tudo está muito confuso, que o mundo está muito violento.

Em nome d'Ele, muitas pessoas estão cometendo atentados terroristas, violando direitos civis, atacando outras denominações religiosas, seja por preconceito ou por ódio mesmo. Milhares morrem todos os dias em todos os lugares do mundo. A fé e a religiosidade estão perdidas? Tanta maldade, tanta crueldade... o que será que acontece conosco após a morte?

Qual é o destino dessas pessoas após uma morte violenta? Será que há espaço suficiente no reino dos céus para todos esses espíritos? Tudo bem se você quiser acreditar que todas essas vítimas irão para o céu. Tudo bem também se você quiser acreditar que essas pessoas não tiveram nenhuma parcela de culpa por serem vitimadas por psicopatas ou pseudo-seguidores da verdade, ou até mesmo por pessoas que tiveram condições de auxiliar no progresso da humanidade, por meio de cargos políticos, tendo condições de amparo e auxílio, e não o fizeram.

Mas, afinal, qual é a verdade? Quem é Deus? Onde vivem os espíritos após a vida terrena?

De onde vim? Para onde vou? Quem eu sou?

Tenho certeza de que em busca dessas respostas, ainda veremos muitas coisas ruins acontecerem na humanidade. Muita crueldade, falta de empatia e de amor ao próximo.

Na verdade, todos nós, mesmo inconscientes, estamos "à procura de Deus". Alguns acreditam na vida eterna; outros, dela duvidam; e muitos, nela sequer creem. Os que acreditam são tementes a Deus. Os outros nem tanto.

O que dizer daqueles que cometem atrocidades todos os dias? O que dizer daqueles que fazem tanto mal a multidões de desinformados ou ignorantes, que sequer sabem escrever o próprio nome? O que dizer de homens e mulheres que, pelo poder, são capazes de se esquecerem do próximo? De humilhá-los e mantê-los no cativeiro ideológico?

Hospitais, escolas, bairros e cidades inteiras esquecidas por quem deveria cuidar com amor e carinho tanto das gerações anteriores quanto das futuras. Os mais velhos estão pedindo para morrer, pois se sentem sem dignidade.

Homens, mulheres e crianças morrem todos os dias nas filas de hospitais por falta de amor e, até mesmo, por falta de medicamentos e tratamentos que os libertariam da morte, ou das doenças graves que, apenas com um pouco de boa vontade e amor ao próximo, não deveriam estar acontecendo.

Políticos, governadores, senadores, deputados, prefeitos, vereadores, líderes, secretários, ou seja, governantes que receberam de gente de bem a oportunidade de servir, e simplesmente esquecem-se do seu semelhante, esquecem-se do próximo. Ignoram que o amor ao próximo é o que nos liberta da vida terrena.

Tem muita gente pagando para ver...

"Tem muita gente morrendo em um leito de hospital, com dinheiro no banco para comprar o próprio hospital."

Para onde vão essas almas?

Será que eles estarão no mesmo lugar que você quando desencarnarem?

Certa vez, um pai desesperado ao ver sua filha morrer em um pronto-socorro que não oferecia a mínima condição para salvar sua vida, resolveu ir até a casa do prefeito, que ficava muito próxima do lugar em que ele se encontrava. Aquele pai queria olhar para o prefeito e dizer-lhe de seu débito com aquela menina que morria em uma enfermaria suja, no único pronto-socorro daquela pequena cidade, sem a mínima condição humana de salvar aquela alma. Lhe cobraria o descaso humanitário com todos aqueles que ali padeciam até a hora da morte.

Revoltado e indignado com o desprezo daquele governante, ele caminhava a passos rápidos até se aproximar da casa da autoridade. Ele chegou a uma linda fazenda, onde o líder daquela comunidade estava reunido com seus aliados em um farto churrasco em seu belo lago, e insistiu para ser atendido, tocando insistentemente o sino que havia na porteira da luxuosa residência. Após várias tentativas, ele finalmente foi recebido ali mesmo, no portão, por um dos seguranças que tomavam conta do lugar.

Envergonhado, o segurança tratou com ele acerca do seguinte assunto:

– Bom dia, senhor! – disse o rapaz.

– O que deseja, amigo?

– Eu gostaria de falar com o prefeito.

– O senhor prefeito está em seu momento de lazer com os amigos e seus familiares – disse o rapaz.

– É que eu estou precisando da ajuda dele urgente, o senhor me desculpa, mas é urgente mesmo.

– O que é que está acontecendo?

– Minha filha de apenas 9 anos foi atendida no pronto--socorro agora há pouco e o estado de saúde dela é muito grave. Segundo o médico do posto, precisamos transferi-la urgentemente.

– E o que é que o senhor prefeito pode fazer?

– É que estamos precisando de uma ambulância para transferi-la para um hospital em outra cidade, já que o nosso daqui não tem condições para atendê-la. Ela é minha única filha. Me ajude, moço, pelo amor de Deus!

– Por que você não vai procurar um vereador do seu bairro? Quem sabe ele pode entrar em contato com o senhor prefeito e dá-se um jeito.

— Eu não conheço nenhum vereador. Eu votei foi no prefeito. Ele esteve lá no meu bairro e até me abraçou lá na birosca, onde tomamos um café juntos. Eu acho que ele pode me ajudar agora. Acho que ele vai me reconhecer.

— Dificilmente ele deixará as visitas de lado para lhe atender... volte outra hora, meu rapaz.

— Não dá tempo, senhor, o médico disse que o caso dela é muito grave, e que ela precisa ser transferida imediatamente.

— Sinto muito, eu não posso lhe ajudar.

— Pelo amor de Deus, moço, me ajuda?! É só uma menina de 9 anos, senhor! – implorou o rapaz.

Após um momento de reflexão, o segurança, comovido com a situação, decidiu ajudar.

— Espere um momento aqui, que eu vou lá dentro falar com ele.

— Sim, senhor, eu espero... obrigado, meu amigo!

Passado algum tempo, o segurança volta e diz que, infelizmente, nada pode fazer:

— Senhor, eu falei com o prefeito, e ele disse para você procurar ajuda por lá mesmo, no pronto-socorro.

— Mas eles me disseram que nada podem fazer.

— Eu lamento.

— Mas você falou com o prefeito?

– Sim, falei com ele, mas ele está muito ocupado agora e não pode lhe ajudar, já lhe disse.

– Mas eu o ajudei a ser eleito. Ele poderia pelo menos olhar na minha cara e me dizer isso?

– Lamento, senhor, procure pelo prefeito amanhã lá na prefeitura, está bem?

– Mas amanhã pode ser tarde.

– Deus há de olhar por sua filha, meu amigo – disse o segurança, batendo com o portão na cara do jovem pai.

Triste e decepcionado, ele deixou o lugar e, ao chegar ao pronto-socorro, recebeu a infeliz notícia do falecimento da pobre menina. Não houve tempo suficiente para lhe salvar a vida.

Ao chegar de volta no bar que havia no lago, o segurança foi questionado pelo prefeito se ele havia se livrado do rapaz inconveniente que perturbava sua paz à porta da linda fazenda:

– Se livrou do importuno?

– Sim, senhor prefeito, ele já foi embora.

– Ainda bem que as minhas visitas não viram esse tolo. Essa gente acha que prefeito é empregado deles...

Assim, podemos questionar como funciona a justiça divina, ou seja, quem tem créditos diante de Deus? Quem está certo nesse acontecimento? Poderíamos achar que todos estão certos se considerarmos a lei de causa e efeito, ação e reação. Talvez, o prefeito já tenha sido vítima desse rapaz ou de sua filha em outra encarnação? Talvez, esse rapaz ou sua própria filha já tenham negado ajuda a esse prefeito em outra vida? O que fazer diante de tal fato?

Quem tem razão?

O fato é que não estamos aqui para julgar ninguém. As respostas para todos os nossos questionamentos estão dentro de nós. Deus fala conosco através da alegria interior ou do arrependimento que machuca a alma.

Quando você sente o arrependimento dentro de você, é que alguma coisa está errada; você está contrariando as vontades do Pai. Quando se sentes alegre em servir ou ajudar alguém, você está deixando o Criador feliz. São sentimentos íntimos que sentimos quando estamos nos relacionando com as coisas de Deus. Mas nem todos são sensíveis ao ponto de perceberem os sentimentos de Deus; nem todos são ou estão sensíveis ao clamor de Deus.

"A vida não se resume a esta vida.", já dizia Nina Brestonini.

Lucas me levou ao Umbral. Depois, fomos até as Trevas e, finalmente, chegamos ao Abismo; são lugares bem diferentes, embora estejam todos interligados. Lá, ele me mostrou três histórias fascinantes que, graças a ele e aos bons amigos da espiritualidade, eu posso compartilhar com você neste livro. Foram alguns dias ao lado desse iluminado espírito e de outros amigos espirituais.

Caminhando ao lado deles, eu aprendi muitas coisas, e espero sinceramente que a leitura desta obra seja, na verdade, um convite à reflexão acerca do que você anda fazendo com a sua vida. Espero que eu te ajude, primeiramente, a se compreender naquilo que realmente você é, e, depois, que as linhas psicografadas por mim transformem totalmente suas atitudes diante da vida.

O Abismo é um lugar onde ficam os espíritos que falharam nas missões às quais se predispuseram a fazer – principalmente as missões humanitárias e políticas. Esse lugar foi criado para resguardar esses espíritos dos outros que desencarnaram vítimas deles – e que querem a vingança a todo custo.

É a região espiritual de padecimentos inenarráveis e é destinada aos espíritos que cometeram os mais graves crimes contra as Leis Divinas. Principalmente, contra o próximo. Esses espíritos aglutinam-se em vales, castelos e vilas, consoantes aos erros que tenham cometido na última encarnação.

Você pode achar que eles estão sendo poupados de seus algozes, mas não, a misericórdia divina nos poupa de conviver com esses espíritos e partilhar de seus sofrimentos.

É, meu amigo leitor. Há um lugar chamado Abismo no Umbral, onde ficam os políticos e seus aliados.

É lá que eles ficam até o arrependimento sincero, ou até que a misericórdia divina os atinja.

É lá que eles padecem e sofrem após perceberem que perderam uma grande oportunidade; sim, pois, se você encarna com uma missão humanitária ou política, é porque lhe foi oferecida uma grande oportunidade.

É no Abismo que ficam os espíritos que lideraram multidões, espíritos que tiveram cargos importantes na vida política, televisiva, jornalística, humanitária, dentre outras. Posições de destaque na sociedade. Artistas, pessoas famosas, líderes, enfim, todos aqueles que tiveram uma grande oportunidade, e não souberam aproveitar.

E foi nesse lugar que eu pude ver e escrever sobre as três histórias que trago nesta obra. Mas, antes, eu gostaria de explicar a todos vocês como é que eu consigo fazer esse contato, como tudo acontece e por que estou nessa missão.

Eu sou médium de desdobramento, além de mais três tipos de mediunidade que exerço há mais de quarenta anos. Mas o que é desdobramento?

Desdobramento é a capacidade que o médium tem de projetar-se para fora do corpo conscientemente. Assim, tudo o que eu escrevo, eu vivo e participo ao lado de espíritos amigos.

Este livro terá um pequeno capítulo no qual explicarei melhor para você, amigo leitor, como acontece e o que é o desdobramento.

Eu participei de três situações muito peculiares e relato sobre elas nas páginas a seguir.

Muito obrigado pela oportunidade de poder levar até vocês este valioso conteúdo.

Sejam todos bem-vindos ao livro Aconteceu no Umbral.

Osmar Barbosa

> A vida real começa na morte.

Lucas

O desdobramento

Como todos vocês sabem, meus leitores, todos os livros aos quais escrevo, faço-os em desdobramento. Portanto, para você que chegou aqui pela primeira vez, vou explicar um pouco mais sobre esse tipo de fenômeno, pois é dessa forma que me conecto com os meus mentores, e que escrevo todas as obras, inclusive, as já publicadas.

Em termos espíritas, o desdobramento é uma faculdade anímica na qual o Espírito encarnado desliga-se parcialmente do seu corpo físico e viaja até os planos espirituais. Esse processo pode ocorrer com ou sem transe. É uma capacidade intrínseca ao ser humano que desenvolveu, ao longo da evolução da espécie, a possibilidade de desembaraçar-se do corpo material, dentro de certos limites, adquirindo alguma sensação de liberdade.

A faculdade de desdobramento é muito utilizada nas reuniões mediúnicas modernas. O sensitivo, através da concentração dos pensamentos, entra em uma espécie de transe que possibilita esse desprendimento parcial do Espírito colocando-se em condições de exercer tarefas de auxílio, geralmente orientado pelos Espíritos Instrutores.

Dessa forma, ele é colocado, muitas vezes, em contato com Espíritos sofredores, os quais necessitam de uma palavra amiga e consoladora, ou mesmo de um tratamento através das suas energias, as quais possuem uma densidade adequada a esse tipo de atendimento pela sua condição de encarnado, e também de escrever livros e mensagens de amigos do plano maior.

Apesar de muitos se referirem ao desdobramento como mediunidade, ele é um fenômeno anímico. Para usar o linguajar de Allan Kardec: é um fenômeno de emancipação da alma. A mediunidade se constitui numa intermediação entre os Espíritos desencarnados e o mundo material. Desdobrar-se, *grosso modo*, significa "sair do corpo". Esse simples fato não o torna médium, se ele não se constitui em transmissor de qualquer informação enviada do plano espiritual para o ambiente terreno.

Pode ser considerado uma espécie de mediunidade quando o sensitivo, durante o desprendimento, mantém um contato com a Espiritualidade, recebendo de lá comunicações que devem ser enviadas aos encarnados. O desdobramento não ocorre apenas nas reuniões mediúnicas. É fenômeno corriqueiro e acontece com as pessoas em geral, todas as vezes que dormimos.

Ele é o preâmbulo do sono. Quando o corpo adormece para o necessário repouso, o Espírito, desligado parcialmente dele, vai a diversos lugares para realizar as atividades que estejam em afinidade com as suas motivações íntimas. Para que ele entre no estado de sono, antes, precisa desdobrar-se, ou seja, afastar-se vibratoriamente do corpo biológico.

Também a mediunidade, seja na modalidade de psicofonia, psicografia, audiência, vidência, desenho ou pintura, entre outras, exige um desdobramento. O médium possui em seu organismo a facilidade de, ao entrar em estado de transe, desvencilhar-se do seu corpo em maior ou menor grau, de acordo com as características da sua faculdade mediúnica. Isso ocorre a fim de dar ao Espírito comunicante a oportunidade de assenhorear-se, através de uma expansão dada ao seu perispírito dos implementos perispirituais e, na sequência, cerebrais do médium.

O sonambulismo, bem como a dupla vista, a letargia, a catalepsia e o êxtase, todos eles classificados por Allan Kardec como fenômenos de emancipação da alma, têm o desdobramento como precondição para acontecerem. Às vezes, como é o caso da dupla vista, esse deslocamento do Espírito (sempre junto com o perispírito) é imperceptível, mas suficiente para fazê-lo enxergar além da realidade física presente.

Há outras situações ainda em que o desdobramento ocorre: no coma, durante o uso de algumas drogas alucinógenas ou, ainda, em certos estados psíquicos classificados como catatonia, e outros em que há um alheamento do meio externo.

Deus, na sua sabedoria e bondade, concedeu ao homem a capacidade de vez ou outra, retemperar-se no mundo espiritual, através da faculdade do desdobramento. Assim, ele recobra parte das suas faculdades de Espírito, como que descansando da rudeza da vida na matéria, além de absorver as energias mais sutis necessárias ao seu refazimento para a continuidade do aprendizado aqui na Terra.

Vivendo no ambiente terreno em meio às dificuldades e desafios diários, imerso na atmosfera densa da matéria, pode o homem aliviar-se dessas lutas desacoplando-se temporariamente do organismo físico, retornando ao mundo espiritual e tendo o contato com Espíritos esclarecidos que o orientam, a fim de direcionar-se melhor no caminho do progresso.

Eu sou eternamente grato por ter essa condição e, através dela, conseguir repassar a vocês as informações que constam nas obras psicografadas. Confesso que, por vezes, realmente me sinto como um lápis nas mãos dos Espíritos, além de ser muito gratificante receber, diariamente, as mensagens de gratidão que recebo de vocês por ser o mensageiro que instrui e esclarece a tantas pessoas o que de fato acontece conosco na vida após a vida.

Nesta obra, eu passei por momentos muito difíceis, pois os lugares aos quais visitei são de muito sofrimento, e confesso que ver o sofrimento alheio não é algo que me deixa feliz. Devemos sempre dedicar a nossa mediunidade e os dons oferecidos pelos mestres de luz, como forma de serem úteis à sociedade em geral e, dessa forma, cumprir com os propósitos encarnatórios.

Acredito, sinceramente, que tudo o que eu passo na vida tem objetivos evolutivos; o fato de ser médium não me exime de passar por situações, às vezes, revoltantes, mas, são elas, as experiências de encarnado, que possibilitam e oportunizam a mim evoluir.

Conforme o que foi dito por Lucas nesta psicografia: "tudo o que te acontece, tem um propósito", portanto, aproveite cada situação para extrair dela a experiência necessária para que você possa se tornar um Espírito melhor.

Vamos em frente em mais uma psicografia na qual espero, sinceramente, que eu possa te auxiliar a evoluir.

Aproveite!

Osmar Barbosa

> *Mediunidade é dom divino, que divinamente se deve exercer.*
>
> *Lucas*

O prefeito

Você se lembra daquela historinha contada logo no início do livro? Vamos ver o que ela tem para nos mostrar...

Ao chegar de volta ao bar da piscina, o segurança foi questionado pelo prefeito se ele já havia se livrado do rapaz inconveniente que perturbava sua paz à porta da linda casa. Estão lembrados?

– E aí, se livrou do rapaz?

– Sim, senhor prefeito, ele foi embora.

– Ainda bem que as minhas visitas não viram esse tolo. Essa gente acha que prefeito é empregado deles.

– Se me permite, senhor, eu fiquei com muita pena do moço.

– O que é que ele queria mesmo?

– Ele me disse que sua filha está internada lá no pronto-socorro, e que não há medicamentos para salvar-lhe a vida. Ele queria uma ambulância para transferir a menina para outra cidade.

– Não temos ambulâncias. Estão todas sucateadas na garagem da prefeitura. Eu já pedi a Brasília por novas viaturas, já mandei um ofício para o Ministério da Saúde, mas eles não me atendem.

– Lamento, senhor.

Naquele momento, o prefeito sentiu uma forte dor no peito, arrependido de não ter atendido ou, pelo menos, tentado ajudar de alguma forma o pobre rapaz.

– Você mandou ele me procurar amanhã lá na prefeitura?

– Sim, senhor, eu pedi a ele que procurasse pelo senhor amanhã.

– Obrigado, Jardel!

– De nada, senhor.

A angústia lhe tomava o corpo por inteiro: "que coisa é essa dentro de mim... que angústia! Nem conheço o rapaz... Ah, deixa isso para amanhã", dizia o prefeito em seus pensamentos voltando a encontrar-se com seus amigos e familiares.

O lago estava cheio deles. Todos nadavam e se divertiam. O churrasco estava regado a muita cerveja e outras bebidas finas. Rapazes e moças curtiam o momento ao som de música alta. Assessores, parlamentares, secretários e vereadores, todos se divertiam bastante naquele dia de domingo.

Essa foi a primeira cena à que Lucas me mostrou. Logo, questionei a ele por que ele havia me mostrado uma mancha escura que era possível ver claramente no peito daquele homem.

– Lucas?

– Sim, Osmar.

– Por que você me mostrou esse diálogo? Por que você me mostrou exatamente isso? Confesso que fiquei muito triste com esse acontecimento e, principalmente, por saber da morte da menina.

– É para que todos vocês percebam que a Lei de Deus está presente em todos os momentos da vida.

– O que eu percebi claramente foi que o peito daquele homem escureceu. Arrependimento, Lucas? Eu vi uma mancha escura lhe tomar quase todo o corpo.

– Foi a Lei Natural e imutável alertando-o para aquilo que ele não deveria ter feito, ou melhor, que ele deveria ter feito.

– Ele deveria ter ajudado aquele pobre pai, não é, Lucas?

– Ele recebeu a oportunidade de ajudar não só aquele homem, mas toda a comunidade a qual ele foi escolhido para representar. Na encarnação não há acasos. Tudo segue o curso evolutivo. Todos os espíritos recebem oportunidades diárias de evolução: alguns as compreendem e seguem o curso natural da evolução, as Leis Naturais; outros, infelizmente, embora sendo alertados pelos sentimentos íntimos, fingem não os sentir, afastando-se do propósito encarnatório, criando débitos que deverão ser reparados em algum momento da existência.

– Quer dizer que esse prefeito encarnou mesmo para ser prefeito e ajudar sua cidade?

– Não só para ser prefeito, ele encarnou para ser senador deste país.

– Sério?

– Sim. Ele será eleito senador.

– Mas essa falha que ele acabou de cometer não irá atrapalhar o seu futuro?

– Essa foi uma oportunidade. Ele ainda receberá mais algumas oportunidades. Eu sinceramente espero que ele aproveite as que ainda irá receber para purgar o que fez hoje.

– E ele vai melhorar?

– Não sei te informar, pois ele tem o livre-arbítrio, lembra?

– Sim, todos temos.

– Por isso, é necessário que ele ouça mais o seu íntimo, é nele que o Criador se relaciona com as criaturas.

– Mas se ele veio para esta encarnação com a missão de ajudar a milhares de pessoas, por que não o faz?

– Ganância, ego, vaidade, poder, luxúria, e tantas outras tentações às quais ele será submetido na curta existência terrena.

– Meu Deus!

– O que houve?

– Eu fico pensando nos filhos, na esposa, nas pessoas ligadas intimamente a esse homem. Qual será o tamanho do carma que ele levará?

– As pessoas, os familiares e os amigos, também têm o livre-arbítrio. O seguem porque querem. Acreditam nele, porque querem. Sois livre a todo tempo. Deus fala ao coração deles também. As Leis Naturais e imutáveis regem todos os destinos. Todos são alertados a quem devem seguir e confiar. É certo que, às vezes, nos deparamos com lobos travestidos de ovelhas, mas, antes de confiar em alguém, examine a sua história, verifique o seu passado e, principalmente, observe o modo como ele trata as pessoas quando você não está por perto. O bom homem é passivo. O bom pastor se preocupa com suas ovelhas, e o seu rebanho deve estar sempre em segurança para que todos possam chegar ao fim da linha.

– Sério, Lucas? Quer dizer que todos os que se comprazem com as atitudes erradas de uma pessoa, criam para si um débito a ser reparado?

– Sim. O que você está vendo acontecer com esse homem, também acontece com todos aqueles que o auxiliam. Ninguém consegue ser prefeito, governador, líder religioso ou influente, estando sozinho, tem de haver pessoas ao redor, auxiliando-os a chegar onde estão.

– Quer dizer que essa mancha escura que, acho que podemos chamá-la de arrependimento, acontece com todos?

– Todos são avisados do perigo de acreditarem e seguirem o que não está em conformidade com a Lei Divina, nem sempre com o mesmo sentimento, mas todos são avisados do perigo de apoiarem aqueles que tanto mal fazem à humanidade.

– Então, quer dizer que um soldado que mata pessoas inocentes em uma guerra, sofrerá a mesma pena do comandante que o mandou matar?

– Deus é justo e bom. Todos irão pagar apenas pelo erro cometido de forma consciente.

– Consciente? Como assim?

– Você só comete um pecado quando tem a consciência do pecado cometido; quando, por influência ou desconhecimento, você apoia ou comete um delito diante das Leis Divinas, você está livre da pena futura. Entendeu?

– Perfeitamente! Agora sei que o que eu faço de maneira consciente, acabo criando um débito a ser resgatado, mas quando faço algo ao qual desconheço, há um perdão automático devido ao desconhecimento do ato, é isso?

– Isso mesmo, Osmar.

– E o que é a Lei Divina, Lucas?

– Tudo o que te alegra o coração.

– Como assim? Você poderia me explicar melhor?

– Deus fala conosco a todo instante, portanto, quando fazes uma coisa que o agrada, seu coração sorri, é uma espécie de orgasmo interno. Mas quando fazes algo que não agrada a Ele, nem às Leis Naturais ou Divinas, sentes o peito apertado e a consciência pesada, ou seja, é Deus lhe mostrando o que nunca deveis fazer.

– Entendi. Então, podemos dizer que todas essas pessoas que seguem, idolatram, e acreditam nesses governantes são tocadas pela justiça divina?

– Sem exceção. Todas são tocadas na consciência. É uma Lei Natural, lembre-se sempre disso.

– O que fazer diante desse sentimento, Lucas?

– Ouvi-lo e respeitá-lo.

– Mas suponhamos que meu pai seja político, e eu não siga às orientações dele, o que devo fazer?

– Se a orientação for boa, ouça seu coração; se for ruim, ouça seu coração... ouça sempre o seu coração e a sua consciência, pois, neles, estão as Leis Evolutivas, aliás, estão todas as Leis.

– Eu fico imaginando a missão desses espíritos.

– Quais?

– Um filho de uma autoridade, por exemplo.

– É uma prova muito difícil para ambos – assegura Lucas.

– Deus tenha piedade! – disse.

– E Ele tem, Osmar... Ele tem...

– E para onde vão esses espíritos após a morte física, Lucas?

– Depende muito daquilo que fizeram. Depende de como aproveitaram as oportunidades, ou de como as desperdiçaram.

– Você disse que vai me levar a duas regiões, além do Umbral?

– Sim, iremos ao Umbral, às Trevas e ao Abismo.

– Confesso que tenho medo só de pensar nesses lugares.

– Não tenha, pois estarei ao seu lado.

– Sim, eu confio demais em você, mas me preocupo muito com o que vou ver.

– Como eu disse, vou te poupar das piores coisas, fique em paz.

– Eu agradeço, Lucas.

– Você está preparado? Podemos ir?

– Sim, mas antes eu gostaria de te perguntar só mais uma coisinha, pode ser?

– Vamos lá!

– Por que Deus permite que tudo isso aconteça? Por que Deus permite que sejamos doutrinados por essas lideranças que tanto mal nos fazem? Pessoas que deveriam usar a inteligência para fazer o bem e, ao contrário, fazem tanto mal?

– Deus não interfere na vontade de seus filhos, para isso, Ele nos presenteia com a sua Misericórdia. Sempre que for solicitada, ela, a misericórdia, será acionada para o bem do filho necessitado. São as experiências boas e ruins, Osmar, que proporcionam a evolução espiritual. O que seria de nós (espíritos), se não tivéssemos oportunidades infinitas de melhorar a nós mesmos? O que seria Deus se tomasse conta de todos os nossos atos? Para isso, Ele criou as Leis Naturais, nas quais toda a sua criação está intrinsicamente ligada. Somos os únicos responsáveis por nossos atos e ações. Colhemos na vida espiritual toda a semeadura terrena, fique certo disso.

– Eu só acho que poderia ser melhor.

– Melhor do que Deus, Osmar?

– Não, Lucas, perdoe-me por achar que posso ser melhor que vocês, não é isso.

– Então, me explique o que é?

– Eu acho, sinceramente, que tudo poderia ser diferente. Poderíamos nos amar mais. Poderíamos ser mais bondosos uns com os outros, mais justos, mais honestos, mais sinceros... entende?

– Entendo, perfeitamente! Mas o que você precisa entender, Osmar, é que você está em uma vida humana, uma curta vida humana. Tudo isso que você deseja é uma realidade da vida espiritual. Aqui, onde vivemos, não há espaço para mentiras, enganações, erros, maldades, enfim, aqui na vida espiritual é onde tudo se torna realidade. De fato, a verdadeira vida é a vida espiritual. O problema de vocês é que a maioria se veste de santo, cultua santos, prega palavras santas, frequenta lugares santos, acredita em santidades, quando, na verdade, não carrega dentro do coração nenhuma gota de certeza do que realmente vocês são.

– O que somos, Lucas?

– Espíritos eternos expiando temporariamente em um corpo físico. Na hora em que vocês acreditarem nessa verdade – e esse dia chegará –, tudo será muito diferente, tenha certeza disso.

– Mas é tão difícil, Lucas. Não para mim, pois eu vivo uma vida espiritual. Eu sei quem sou, ajo como espírito eterno que sou, mas me refiro a todos aqueles que caminham ao meu lado e ainda não têm essa certeza... é uma prova muito difícil para todos nós.

– É um processo natural. O tempo é encarregado de arrumar todas as pedras que correm dentro de um rio, até as menores encontrarão o seu lugar.

– Que linda reflexão, Lucas!

– Obrigado! O tempo, Osmar... o tempo, meu nobre médium...

– Sabe, Lucas, as pessoas que se reconhecem como espíritos sofrem muito.

– Eu sei, não é fácil viver em uma sociedade onde a mentira, a enganação, a falsidade e a falta de amor predominam. Mas não há acasos, lembre-se sempre disso.

– Pois é, não vejo a hora de ir para a vida espiritual, confesso.

– Um dia você virá, mas não tenha pressa, aproveite cada lição, cada prova, cada ensinamento, e extraia dessas experiências o que lhe melhor for conveniente.

– Não tenho pressa, Lucas.

Rimos juntos...

– Osmar, deixe-me te contar uma pequena história, pode ser?

– Claro, Lucas!

– Quero aproveitar que você falou sobre deixar a vida humana, para passar a vocês um lindo relato.

– Que bom, Lucas!

– Venha comigo, Osmar.

Naquele momento, em desdobramento, Lucas me levou ao Umbral.

> *Ninguém foge de si mesmo.*
>
> *Osmar Barbosa*

O Umbral

Antes de entrarmos na história trazida pelo Lucas, eu gostaria de explicar para todos vocês um pouquinho sobre o que é o Umbral.

O Umbral ocupa um espaço invisível, que vai do solo em que vivemos até alguns quilômetros de altura da nossa atmosfera. Seu clima é denso, equivalente a um estado de tristeza e desespero para nós. A densidade do lugar não permite que a claridade entre ali. Durante o dia, poucos raios de Sol se atrevem a penetrar pelas densas nuvens escuras que cobrem todo o local.

A impressão que se tem é de que o Umbral é um longo final de tarde, no qual as nuvens, muito baixas, se confundem com a névoa que existe no lugar. À noite, não é possível ver as estrelas, e a lua, assim como o Sol, quando consegue atravessar toda a densidade, aparece na cor avermelhada entre as grossas nuvens.

Há várias cidades no Umbral. Existem grandes, médias e pequenas cidades, onde milhares de espíritos vagam sem perceberem seu real estado. Apesar disso, há inteligências que lideram essas cidades. Há, ainda, grupos de nômades e de espíritos solitários que habitam pântanos, florestas e abismos. O Umbral é terrível.

A vegetação é variada. Muitas vezes, constituída de pouca variedade de plantas. As árvores são de baixa estatura, com troncos grossos e retorcidos, e pouca folhagem – as folhas que ainda se atrevem a nascer são escuras e murchas. Existem também áreas desertas, locais rochosos, e lugares de vegetação rasteira, composta de ervas e capim – um capim escuro do qual não temos por aqui. Há, ainda, alguns animais sem uma forma definida.

Eu estava adentrando o Umbral ao lado de Lucas, e ele, como sempre, é um excelente instrutor. Lucas aproveitou que eu estava muito curioso, e me mostrou alguns tipos de animais e aves que são desprovidos de beleza. Todos, sem exceção, tinham um tom de azeviche.

No Umbral, pude ver montanhas, vales, rios, grutas, cavernas, penhascos, planícies, regiões de pântano, e todas as outras formas que podem ser encontradas na Terra. Como os espíritos sempre se agrupam por afinidade (igual a todos nós aqui na Terra), ou seja, nos unimos uns aos outros de acordo com o nosso nível vibracional, existem inúmeras cidades habitadas por espíritos semelhantes. Algumas cidades se apresentam mais organizadas e limpas do que outras, mas todas estão sob o mesmo céu caliginoso do Umbral. Seres horríveis vagam pelas estradas escuras.

A vida na Terra e no Umbral funciona como uma verdadeira escola, lugares onde aprendemos no amor ou na dor. Ninguém vai para o Umbral por castigo, ninguém está destinado a esse sofrimento, pois Deus é bom a todo tempo. A pessoa vai para o lugar que melhor se adaptar a sua vibração espiritual no momento do desencarne, ou por meio daquilo que ela carrega dentro de si. Quando se deseja melhorar, existe quem ajude. Quando não se deseja, fica no lugar em que escolheu.

Todos os que sofrem no Umbral, um dia são resgatados por espíritos do bem, e são levados para tratamento para que melhorem e possam viver em planos de vibrações superiores. Existem muitos que ficam no Umbral por livre e espontânea vontade, se aproveitando do poder e dos benefícios que acreditam ter em seus mundos. "Tudo se assemelha", me disse Lucas.

No Umbral, existem várias equipes de socorro. Elas ficam trabalhando nas zonas de sofrimento, e algumas ficam nos diversos postos de socorro que existem em cada núcleo do lugar. É tudo muito organizado. Os postos de socorro se encontram espalhados pelas diversas regiões sombrias do Umbral. Esse local de ajuda, semelhante a um complexo hospitalar, normalmente é vinculado a uma colônia espiritual de nível superior.

Nesses postos, encontramos espíritos missionários originários de regiões mais elevadas, que trabalham na ajuda de espíritos que vivem nas cidades e regiões do Umbral, e que estão à procura de tratamento ou orientação. Alguns precisam de refazimento perispiritual e são levados para outras unidades de tratamento que estão espalhadas nas colônias espirituais ou em algumas poucas no próprio Umbral.

Quando o espírito ajudado desperta para a necessidade de melhorar, crescer e evoluir, ele é levado para uma colônia, onde é tratado e, depois, pode passar seu tempo estudando e realizando tarefas úteis para si e para o próximo. Quando se sentem incomodados e mergulhados em sentimentos como o ódio, a vingança e a revolta, acabam retornando espontaneamente para os lugares de onde saíram. Continuamos sempre com o nosso livre-arbítrio, e é ele que nos conduz por toda a nossa existência.

Tudo é pensamento e atitude. Se tens bons pensamentos e boas atitudes, estarás sempre em bom lugar, do contrário, atrais aquilo que sentes e deseja. É uma região purgatória, como nos explicam os espíritos amigos que trabalham nessa região.

Os postos de socorro não são cidades, mas alguns deles possuem uma grande dimensão, assemelhando-se a uma pequena cidade no meio do Umbral. Muitos desses postos ficam nas regiões periféricas, e alguns se encontram dentro das cidades do Umbral.

Vistos de longe são pontos de luz e de beleza no meio da paisagem triste, escura, fria e nebulosa que é a paisagem natural do Umbral. Os postos de socorro são constantemente procurados por pessoas (espíritos) desesperadas e perdidas querendo abrigo e ajuda.

A Colônia Espiritual Amor e Caridade possui alguns núcleos de amparo nesses lugares. O Lucas me informou que os espíritos que vivem no Umbral ainda estão muito ligados ao mundo material. Por isso, sofrem muito aqui.

Alguns desses postos ficam em uma região transitória entre a Terra e o Umbral – um lugar que eles chamam de transição. Uma colônia, assim podemos chamar. Colônia de Transição é o local destinado a socorrer e a orientar os espíritos recém-desencarnados.

Pessoas que acabam de morrer costumam ficar totalmente desorientadas. Muitas não sabem sequer que estão mortas. É fácil imaginar o sentimento horrível e a loucura que uma pessoa nessa situação pode passar.

Esses postos estão localizados no mundo invisível, exatamente no mesmo local onde estão hospitais, cemitérios, sanatórios, presídios, igrejas, centros espíritas etc. Nesses locais é possível encontrar os espíritos das pessoas que acabaram de desencarnar, ou que estejam procurando por algum tipo de ajuda.

São construções energéticas que, para os espíritos daquela frequência, são tão sólidas quanto os objetos desta nossa dimensão terrestre. Os espíritos mais sutis atravessam esses ambientes porque são mais rarefeitos, mas, naquela dimensão, para quem está lá, os objetos são tão densos quanto os daqui são para nós.

A pessoa se vê num ambiente propício para a recepção de recém-desencarnados, onde o que sobrou do cordão de prata é então rompido. A pessoa acorda num hospital extrafísico após a morte, não porque esteja doente, mas para romper essa conexão. Esses hospitais são locais de transição, como disse anteriormente.

Dali, ela passa para a dimensão correspondente ao seu nível. Os laços, após desfeitos, libertam o espírito para seguir seu destino. Nossos pensamentos e emoções se plasmam energeticamente em nossa aura, em nosso corpo perispiritual, e é ele que se apresenta na vida após a vida. Assim, nós somos a somatória do que pensamos, sentimos e fazemos durante toda a vida.

A cada noite, quando nos desprendemos para fora do corpo físico, o corpo espiritual carrega a vibração de tudo o que ocorreu naquele dia. Na hora da morte, a vibração do corpo espiritual, ou seja, nosso perispírito, é a soma de tudo o que você pensou, sentiu e fez durante uma vida inteira.

Alguns são luminosos, outros totalmente danificados pelos pensamentos e atitudes, e refletem exatamente o que fomos na vida quando encarnados. Pode-se dizer que cada pessoa que desencarna carrega um campo vital, contendo tudo o que ela é, como resultado de tudo o que desenvolveu e fez em vida.

Após a morte, aquele que tem uma vibração 'x' no corpo espiritual é atraído para o plano extrafísico de uma dimensão 'x', compatível com a vibração que ele porta. O plano espiritual é dividido em subdimensões. Muitos as dividem em sete níveis; outros, em três.

Os que dividem em três, o fazem da seguinte maneira: *plano astral denso; plano astral médio;* e *plano astral superior.*

No plano astral denso, estariam as pessoas complicadas; seria o chamado Umbral ou Inferno.

O plano astral superior seria o Paraíso para a Doutrina Espírita.

E o plano astral médio seria o local onde se encontram as pessoas medianas, ou seja, iguais a nós. Em outras palavras, a maioria.

E o lugar no qual os espíritas chamam de Umbral?

A palavra *umbral* significa muro, e é a divisória entre o plano terrestre e o plano astral mais avançado. Uma divisória vibracional, onde quem tem o corpo espiritual denso não atravessa, funcionando como uma peneira vibracional.

Uma vez, a Nina me disse que "Inferno e Paraíso são portáteis", que você os carrega dentro de si. Se estiver bem, o Paraíso estará dentro de você, ou seja, quando você sai do corpo nessa condição, você é atraído automaticamente por uma vibração semelhante à que existe em seu interior. A passagem para o Paraíso está dentro de nós –, e para o Inferno também, pois se trata de um estado íntimo.

Veja, por exemplo, uma pessoa cheia de autoculpa e a compare com aquela imagem clássica do diabo colocando alguém dentro da caldeira e espetando. A autoculpa espeta mais do que qualquer diabo, porque não é preciso que o Inferno venha de fora: ele já está dentro, e o diabo é você mesmo. Nosso Paraíso é portátil, o levamos dentro de nós.

O Umbral é uma região muito pesada porque reflete o estado íntimo de quem lá está. Você encontra lugares que lembram abismos, cavernas escuras... tudo exteriorizado do subconsciente dos espíritos, como formas mentais. Ao olhar no fundo desses abismos, é possível ver que está cheio de espíritos, mas eles não voam, pois são densos.

No plano espiritual, você encontra favelas, cidades medievais... os espíritos vivem presos a formas mentais das quais, muitas vezes, são difíceis de escapar. São esses que os seres evoluídos buscam ajudar nessas dimensões.

Foi nesse lugar em que Lucas e eu nos encontramos com Fernando.

Chegamos ao Umbral e eu pude ver que havia um local com pequenas casas, era uma vila de casas velhas. Entramos caminhando pela única estrada que dava acesso ao lugar. Estava tudo muito sujo e desorganizado.

A curta estrada era de barro e havia muita poeira, que só não nos cegava por estarmos em condições diferentes às daquele lugar. Eu notei que em uma daquelas pequenas casas havia um rapaz sentado em uma varanda.

Nos aproximamos...

– Boa tarde, Fernando! – disse Lucas.

O rapaz levantou-se imediatamente, como se estivesse feliz com a nossa presença.

– Meu amigo Lucas! – disse ele caminhando em nossa direção.

Após um longo abraço, Fernando finalmente notou a minha presença.

– Seja bem-vindo, meu amigo! – disse ele estendendo sua mão para mim.

– Obrigado! – disse cumprimentando-o.

– Venham, entrem, vamos nos sentar – convidou o rapaz.

Entramos na humilde varanda e nos sentamos.

– Quer entrar, Lucas?

– Podemos?

– Sim, claro, perdoe-me não ter convidado antes.

Rapidamente, Fernando abriu a porta da modesta casa e nos convidou para entrar. O lugar estava arrumado. Tinham poucos móveis, entre eles, uma pequena mesa com quatro cadeiras.

– Venham, sentem-se aqui, vou pegar um pouco de água.

No próprio cômodo havia uma pia e um armário coberto com um pano preto, o qual ele puxou para o lado e retirou de dentro do móvel uma jarra bem simples e alguns copos para nos servir. Do outro lado, duas camas de solteiro com algumas cobertas arrumadas e pequenos travesseiros.

Lucas estava calado e observando tudo. Eu, assustado, olhava para aquele ambiente escuro com um pouco de pena e preocupação, mas lógico que também muito curioso para saber quem era Fernando e por que estava ali.

– Tenho um pouco de água e gostaria de dividir com vocês, querem?

– Obrigado, Fernando, mas não tenho sede – disse Lucas.

– E você vai querer?

– Eu também não tenho sede, obrigado!

– Fernando, este aqui é o Osmar. Ele é médium, ainda está encarnado e está escrevendo mais um livro comigo.

– Eu percebi que o corpo dele é diferente do nosso, Lucas.

– Ele está desdobrado.

– Que missão linda, Osmar! Continue relatando tudo sobre a vida espiritual... se eu tivesse me interessado em aprender tudo sobre a vida após a vida, certamente eu não estaria aqui.

– Por que você está aqui, Fernando? – aproveitei a oportunidade para perguntar.

– Eu sou suicida.

Após uma pequena pausa...

– Por que você tirou sua própria vida?

– Por desconhecer a Deus. Por viver apenas de aparências, e me preocupar com o que as pessoas pensavam de mim. Eu perdi a vontade de viver, e não tive forças para superar nem os meus menores desafios. Eu sabia que estava doente, mas recusei a ajuda dos amigos e familiares que tentaram de toda forma me ajudar. – disse ele se sentando e colocando um pouco de água em seu copo.

Lucas observava tudo atentamente.

– Sabe Osmar, a depressão é uma doença muito severa, e aos primeiros sintomas devemos nos cuidar. Uma série de fatores me levaram a adoecer. Mas o que mais lamento foi não ter aceitado ajuda daqueles que me amavam e se preocupavam comigo. Quando dei por mim, cometi o maior erro da minha vida.

– Onde você vivia?

– Em São Paulo. Eu era comerciário, tinha um pequeno comércio em minha cidade.

– Mas por que você fez isso?

– Tudo começou quando, sem querer, descobri uma traição da minha esposa. Eu era um homem de bem, trabalhador... saía de casa todos os dias bem cedo, quase não via as crianças. Minha única preocupação era com o bem-estar de todos eles. Normalmente, só conseguia ficar com a minha família aos domingos, quando ia para a minha chácara para ficar com a minha esposa e os meus dois filhos. Nos divertíamos bastante. Mas eu não sabia o que acontecia nos outros dias da semana.

Geralmente, ela ia às sextas-feiras e preparava tudo para nós. A casa estava sempre cheia de amigos e familiares. Eu era muito feliz, embora sempre cansado por trabalhar demais e só me preocupar em juntar patrimônio para ela e para as crianças.

Até que um dia, sem querer, a vi entrando em um motel com o carro que havia dado para ela. Naquele dia, eu tinha deixado o meu comércio para ir a uma reunião em outro bairro, pois estava comprando um outro imóvel, onde abriria mais uma loja. Eu tinha três lojas nessa época.

Não acreditei no que os meus olhos estavam vendo: o carro de luxo que havia dado a ela com tanto sacrifício entrando em um motel com outro homem ao seu lado. Parei, olhei... e resolvi esperar até ela sair para confirmar se realmente era ela. Foi o dia mais difícil da minha vida. Eu conheci a Glória quando ainda estávamos na escola. Foi a minha primeira e única namorada. E minha única mulher também.

Naquele dia, eu nem dormi em casa. Fui até a casa da minha irmã e abri meu coração para ela, que me aconselhou a conversar com a Glória e resolver a questão da melhor forma possível. Ela ainda foi capaz de dizer que o maior culpado disso tudo era eu mesmo, que a minha ausência familiar havia provocado a traição. Eu argumentei e disse que isso não era justificativa para o que ela tinha feito. Por fim, me acalmei, inventei uma desculpa falando que teria de viajar com urgência para tratar de alguns negócios, e me ausentei da família por uma semana.

Tem certeza de que não querem água?

– Não, obrigado! – disse Lucas.

Eu apenas acenei negativamente com a cabeça.

– Foi então que decidi me separar dela. Voltei para casa e resolvemos a separação sem sequer aumentarmos o tom de voz um com o outro. Ela me pediu desculpas, disse que se deixou levar pela aventura, que tinha se apaixonado pelo professor da academia. Ela levou as crianças... e meu mundo caiu. A partir daí, o processo de depressão se instalou, e no dia 23 de dezembro, peguei a minha arma e atirei contra o meu ouvido, acordando aqui neste lugar.

– Há quanto tempo você está aqui? – perguntei inocentemente.

– Não sei... – disse ele.

– Perdoe-me, Fernando... desculpe-me por ter te perguntado isso, pois sei que aqui na vida espiritual não se conta o tempo.

– O tempo aqui não passa... – disse ele, com olhar de tristeza.

– No começo, tive muita dificuldade de entender que lugar era esse e o que eu estava fazendo aqui.

– Você teve a ajuda de alguém?

– Sim, fui socorrido em um pequeno hospital que fica perto daqui. Todos foram muito gentis comigo e me explicaram tudo.

– E agora?

– Agora, vivo com uma menina que conheci aqui mesmo.

– Uma menina?

– Sim, uma jovem que também é suicida. Ela já deve estar chegando...

– É a Márcia, Osmar – disse Lucas.

– Márcia?

– Sim, ela vive aqui com o Fernando. Ambos são suicidas e um ajuda o outro a superar os seus mais íntimos sentimentos para, posteriormente, seguirem para as colônias.

– É meu sonho e objetivo! – disse Fernando se alegrando.

– Você continua com seu tratamento no posto de socorro?

– Sim, todos os dias. Trabalho e faço o meu tratamento lá no posto de socorro junto com a Márcia e outros amigos que também chegaram aqui como nós.

– A Márcia também está lá? – questionou Lucas surpreso.

– Sim, inclusive, ela já deve estar terminando seu plantão, logo estará conosco. Depois de muita insistência, ela resolveu se tratar para poder deixar este lugar.

– O que vocês fazem lá? – perguntei.

– Na verdade, Márcia e eu somos voluntários no posto de socorro. Aqui, temos várias oportunidades evolutivas, assim como quando estamos encarnados. A diferença é que aqui temos consciência da necessidade de transformação, enquanto encarnados temos o véu da incerteza que nos afasta muito da compreensão do que somos realmente. Quando acordei aqui passei um longo período sofrendo, na tentativa de juntar o que sobrou do meu suicídio. Precisei de muito tratamento para refazer o meu perispírito e voltar a ser o que era na vida humana. Sabe Osmar, quando atentamos contra a própria vida, as sequelas perispirituais são terríveis. Eu mesmo posso te assegurar, não façam isso.

– Quais foram as sequelas?

– Lembra que te falei do tiro no ouvido?

– Sim, lembro que você disse que tinha uma arma e que atirou na própria cabeça.

– Não sei se você sabe, mas quando a bala entra em nosso corpo ela faz um pequeno buraco, porém, quando sai, faz um estrago.

– Eu sei disso.

– Carregamos para a morte as sequelas criadas por nós mesmos em nosso corpo físico.

– Quer dizer que se alguém morrer atropelado chegará aqui em pedaços?

– Todos os que têm uma morte violenta precisam passar pelo processo de refazimento do corpo espiritual, pois esse corpo reflete tudo o que acontece no corpo físico. Por isso sofri tanto quando cheguei aqui.

– Conte-nos em detalhes, por favor, Fernando – pediu Lucas.

– Posso contar?

– Sim, todos devem saber.

– Pois bem, ao atentar contra o meu inóculo carnal, eu infringi a Lei Maior que diz que ninguém tem o direito de tirar a própria vida, nem a vida dos outros. Esse ato traz consequências graves. Ao chegar aqui, a minha cabeça só tinha uma parte, pois a bala destroçou todo o lado direito do meu crânio, arrancando a minha orelha e espalhando os meus miolos para todos os lados. Na verdade, a minha cabeça ficou totalmente desfigurada.

Quando acordei e passei a mão sobre o meu rosto, percebi o ato brutal que havia praticado. Em um primeiro momento me apavorei, pois, naquele instante, tive total consciência de que não havia morrido, e isso me assustou muito. Logo, os espíritos que estavam ao meu lado começaram a me chamar de suicida, desgraçado, infeliz, dentre tantas outras coisas.

Eu percebi o meu erro. A minha dor e a depressão não sumiram, pelo contrário, se intensificaram... e eu só me perguntava por que havia feito aquilo. A minha consciência não me deixava sequer respirar. Era uma dor tão grande que é até difícil de explicar. Eu passei a me sentir um desgraçado... por que fiz isso comigo mesmo? Por que não procurei ajuda? Por que a vida me deixou fazer isso? Por que não aceitei a ajuda sincera das pessoas que me amavam realmente?

O desespero tomou conta de mim. Eu chorava dia e noite sem parar. Me escondi em uma pequena caverna não muito longe daqui. Passei muitos dias chorando e sofrendo, culpando a mim mesmo por tudo o que havia acontecido comigo. O suicídio nos vende uma falsa sensação de que tirando a própria vida estaremos livres da dor, mas isso não é verdade; pelo contrário, a dor se intensifica, pois ninguém morre.

Demorei muitos meses nesse sofrimento até saber, por meio de um espírito de luz que vi no resgate de outros infelizes assim como eu, que eu deveria procurar ajuda nos postos de socorro, pois Deus não havia deixado de me amar pelo meu ato, e somente eu mesmo poderia me ajudar. Aqui, quando queremos algo, temos que buscar.

– E aí?

– Aí, fui até o posto mais próximo e fui recebido com muito carinho. Logo me internaram e começaram o meu tratamento. Foram alguns meses até conseguir o refazimento da minha cabeça, mas agora estou bem. Porém, ainda preciso compreender e ajudar outros irmãos que aqui chegam, para que eu consiga ter a oportunidade de ser encaminhado para uma colônia, local onde pela graça divina terei outra chance para reparar definitivamente todos os meus erros.

– E a Márcia? Onde entra nessa história? – quis saber.

— Foi a Márcia que me tirou da caverna. Um dia, eu estava orando a Deus, pedindo misericórdia, quando, de repente, ela apareceu.

— Você já a conhecia? – perguntei.

— Não, nunca a tinha visto antes.

— Você disse que ela também é uma suicida. Poderia me contar a história dela?

— Acho melhor ela mesma contar a vocês. Ela não demora a chegar, vocês podem esperar?

— Sim, podemos – disse Lucas.

— Então vamos esperar, Lucas?

— Sim, ela já está a caminho.

Naquele momento, eu mesmo peguei a pequena jarra sobre a mesa e coloquei um pouco de água em um copo que estava à minha frente. Ficamos calados por alguns minutos até que ouvimos um barulho vindo da porta.

— Olha, ela está chegando! – disse Fernando.

Foi quando uma linda jovem abriu a porta delicadamente e, ao nos ver, abriu um lindo sorriso.

— Lucas! – disse ela, surpresa e feliz.

Lucas se levantou e a recebeu dentro de um abraço fraterno.

Olhando para mim, ele disse: – Este aqui é o médium Osmar Barbosa! Ele está escrevendo mais um livro sobre o Umbral.

A linda Márcia estendeu sua mão me cumprimentando.

Levantei-me e a abracei.

Após nos abraçarmos, ela sentou-se conosco à mesa.

Márcia é negra, cabelos igualmente negros e crespos, um sorriso que, confesso, jamais esquecerei. Seus dentes brancos reluziam naquele infeliz lugar de escuridão.

– O que os meninos estão conversando? – perguntou animada.

– Eu estava contando para o escritor tudo o que aconteceu comigo, como cheguei aqui... – explicou Fernando.

– Que ótimo! Você está anotando tudo, Osmar?

– Sim, estou escrevendo com as graças de Lucas e de vocês.

– Estávamos falando sobre você, Márcia, e gostaríamos que você contasse para o Osmar um pouco mais, pode ser?

– Com o maior prazer, Lucas!

– Conte, Márcia! – insistiu Fernando.

– Bom, o Fernando já deve ter dito que sou uma suicida. Já estou aqui há bastante tempo. Eu me suicidei no apartamento em que morava com o meu marido. Estava passando por uma prova muito difícil e, infelizmente, sucumbi à minha depressão. Eu estava em tratamento, pois meus familiares estavam muito preocupados comigo e tentavam a todo custo me ajudar.

Cheguei aqui muito ruim e fiquei muitos meses internada no posto de socorro até ter alta médica. Mas após ter a consciência de quem realmente sou, decidi que deveria ajudar outros espíritos assim como eu, que também sucumbiram à vida corpórea. Hoje, trabalho como assistente, ando por aí recolhendo os espíritos e encaminhando-os para os tratamentos necessários no posto de socorro. É uma tarefa muito prazerosa, sou feliz com o que faço aqui no Umbral.

– Há quanto tempo você faz isso?

– O tempo aqui é relativo, mas posso te informar que faz mais de dezoito anos.

– E por que você ainda não foi para uma colônia, Márcia?

– Ainda não estou preparada. Preciso trabalhar alguns sentimentos que ainda carrego comigo, principalmente o arrependimento por ter tirado a minha própria vida.

– Eu imagino que você sofra muito – disse.

– Já passei por períodos piores, agora, estou morando aqui com o Fernando e, juntos, estamos nos ajudando a superar esse momento, na certeza de que tudo passa.

– Sinceramente, estou muito impressionado com sua alegria.

– Ela era apagada quando eu estava encarnada. Os problemas do meu cotidiano me abalavam muito, e eu não fui forte o suficiente para encarar meus desafios e vencê-los. Mas, agora, tudo está diferente. Estou aqui trabalhando, ajudando os irmãos e irmãs que chegam aqui em sofrimento. Vivo com o Fernando, a quem aprendi a amar, e estou esperando o tempo certo para seguir para uma colônia espiritual e lá poder reprogramar as minhas existências corpóreas, a fim de evoluir ainda mais.

– Sempre te admirei, Márcia! – disse Lucas, sorrindo.

– Eu sou muito grata a você, Lucas. Posso contar como nos conhecemos?

– Conte, Márcia – disse Fernando, ainda com um sorriso no rosto.

Lucas olhou para mim, como se me perguntasse se eu queria saber.

– Eu ficarei muito feliz em relatar esse encontro, se a mim for permitido.

– Conte, Márcia, sei que você está ansiosa para contar para o Osmar.

– É que o nosso encontro foi tão lindo, Lucas, que, se eu pudesse, o contaria para todo o mundo.

– Está à sua frente a oportunidade de contar para o mundo. Nosso escritor levará essa mensagem para todos os cantos do Universo.

– Ah, então eu tenho que contar mesmo.

Todos nós rimos de Márcia.

Foi então que ela começou a nos relatar sobre a sua vida.

– Como eu disse, desencarnei através do suicídio. Tomei uma dose enorme de comprimidos que me tiraram a vida, desencarnei vomitando muito sangue. Mas o pior não foi isso, o pior mesmo foi que o meu perispírito se desintegrou devido a forte dose do medicamento.

Eu fiquei alguns dias agonizando no Vale dos Suicidas. Um dia, uma mulher se aproximou de mim e começou a conversar comigo. Com uma voz doce, ela me orientava a mudar os meus sentimentos para que eu pudesse refazer um pouco do corpo espiritual, pois precisaria dele naquele momento se quisesse mesmo ser socorrida.

Essa menina foi o anjo que Deus mandou para me salvar.

Ela fez isso por vários dias. Imaginem como é difícil para um suicida aceitar conselhos construtivistas? Eu sequer tinha consciência de que estava morta... para mim, ainda estava no meu apartamento, e, pior, eu assisti ao meu corpo sendo levado para o necrotério, vi o quão triste foi o meu enterro.

Era uma visão muito diferente da que temos normalmente. Eu via tudo embaçado, parecia que eu estava dentro de uma neblina. Mas conseguia ouvir os comentários, e essa parte foi a pior. Quase todos os que estavam no meu enterro me recriminavam pelo que eu havia feito. E pior, eles tinham razão.

Fiquei assim por dias, semanas, meses... não sei ao certo. E todos os dias aquela menina vinha me visitar e dizer para mim que eu deveria confiar em Deus, que eu deveria mudar os meus pensamentos, e ter coragem para recomeçar. Foram muitos dias mesmo. Até que, em um desses dias, eu acordei e consegui ver tudo ao meu redor. O meu corpo estava melhor.

Sentei-me e fiquei esperando pela menina... eu ficava horas e horas esperando por ela, só para escutar suas palavras doces que tanto me transformavam. Ansiosa, esperei por muitos dias, mas ela não veio mais. Foi então que, em um desses dias, o Lucas chegou... me abraçou, colocou-me de pé e me levou para o posto de socorro, onde consegui o meu refazimento; e hoje estou aqui, pronta para servir e ajudar aos que precisam de ajuda.

Esse é o meu amigo Lucas!

– E quem era a menina? Você teve notícias dela?

– Era a Nina, Osmar, a Nina!

Os meus olhos se encheram de lágrimas de emoção por saber que a Nina está sempre amparando àqueles que precisam de amor.

Márcia olhou carinhosamente para mim, pegou em minhas mãos e disse:

— Osmar, só o amor é capaz de nos salvar. A Nina me ensinou que o amor é o alimento do espírito, e que quando estivermos em sofrimento devemos ouvir a voz do coração, pois é no coração que Deus conversa conosco. Quando passei a ouvir meus sentimentos, a depressão foi embora e retomei a minha vida. Agora, estou aqui, amparando a todos os que permitem a mim auxiliar.

— Márcia, se você tivesse que deixar uma mensagem aos leitores do meu livro, qual seria?

— Eu deixaria uma mensagem para que todos pudessem refletir sobre o suicídio, aliás, já que este livro alcançará milhares de pessoas, deixarei uma mensagem com o intuito de auxiliar àqueles que pensam que a vida termina em decorrência da morte, pode ser?

— Escreverei o que você disser, Márcia.

— Então, escreva assim: um dia após o meu suicídio, eu me apaixonei pelo meu marido ao vê-lo chorando no chão do meu quarto, abraçando minha camiseta suja de sangue, com minhas fotos espalhadas ao seu redor. Eu vi tanto amor em seus olhos!

Um dia após o meu suicídio, eu senti o quanto meus pais me amavam, por mais que muitas vezes eles fossem durões. Em meio a tanta tristeza, eles falavam com os olhos cheios de lágrimas o quanto sentiam orgulho de mim e o quanto eu era sensível com o próximo!

Um dia após o meu suicídio, vi que o Sultão (meu cachorro) era mais incrível do que eu podia imaginar. Toda vez que alguém saía do elevador, ele corria para a porta esperando por mim e, ao ver que não era eu, deitava-se na frente da porta e continuava a me esperar!

Um dia após o meu suicídio, eu me encantei pelos meus irmãos ao vê-los sentados na sala com os olhos cheios de lágrimas. Eles lembravam das vezes em que brincávamos na nossa linda infância... Que época boa!

Um dia após o meu suicídio, eu senti o quanto era querida e amada por aquela grande amiga. Ela estava olhando nossas fotos juntas, e lembrando de todos os nossos momentos! Ela chorava por não ter me encontrado todas as vezes que insisti.

Um dia após o meu suicídio, senti que era importante para muitos amigos. Eles estavam se culpando por não terem feito nada. Já, à noite, fui até o necrotério encontrar com o meu corpo. Aquilo me incomodou. Olhei para mim mesma e disse: tínhamos tantos sonhos. Tantos amores. Tanta gente para conhecer. Você tinha pessoas que te amavam e, mesmo assim, jogou tudo para o alto.

Você que está lendo isso, ainda está encarnado e pode mudar a sua vida para sempre. A vida não é tão ruim como parece. Existem pessoas que te amam e que te querem por perto! Dê mais uma chance para a vida e para as pessoas que estão ao seu lado. Existe cura para a dor, se abra com alguém. Você já superou a tantas coisas, tente mais uma vez, não desista!

Procure ajuda!

Saiba que você não está sozinho! Procure um profissional que possa ajudar você.

Vai ficar tudo bem!

A cura para a dor da alma é algo que, muitas vezes, não achamos nos remédios em cápsulas, às vezes, só encontramos em "remédios" como abraços apertados, olhos nos olhos, cafunés, colos sem críticas e ombros amigos... o mais difícil é encontrar pessoas dispostas a nos medicar, mas elas existem e Deus as coloca sempre por perto esperando por nós.

Jamais desista de você... porque Ele não desiste dos seus filhos. Encontre-O e seja feliz com o que tem!

Naquele momento, todos nós ficamos em silêncio e emocionados com a mensagem de Márcia.

Nos entreolhamos e nos abraçamos como nunca.

Jamais me esquecerei desse dia...

Após abraços e algumas lágrimas, deixamos o lugar na certeza de que Fernando e Márcia estão no caminho certo.

– Vamos, Osmar, temos ainda muita coisa para contar – disse Lucas se levantando.

Lucas se foi, mas, antes, combinamos de nos encontrar outro dia para continuarmos com esta psicografia.

Quanta coisa aprendemos com os espíritos...

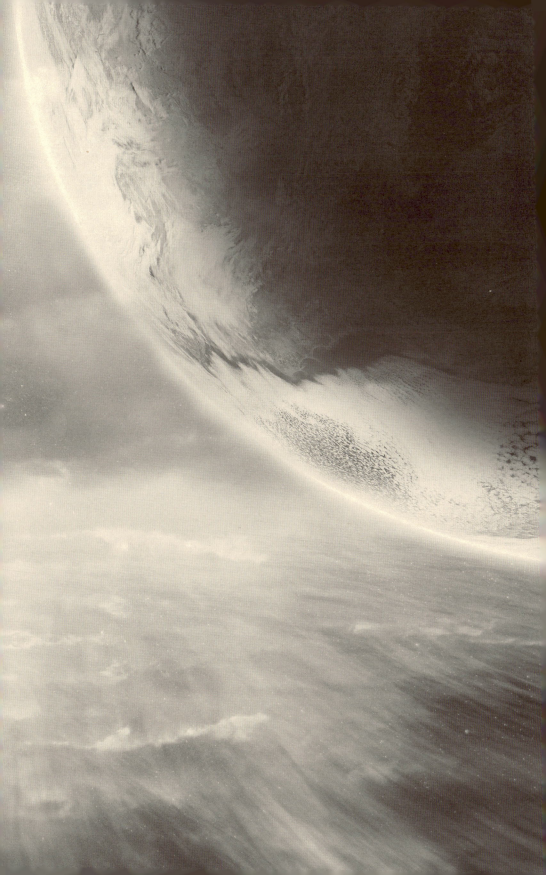

> *Há um lugar só seu nas coisas de Deus.*
>
> *Osmar Barbosa*

Um passo adiante

Passados alguns dias, acordei bem cedo e perdi o sono. Rolei para lá e para cá na cama, e decidi me levantar para não acordar a minha esposa que dormia ao meu lado em sono profundo, afinal, meu sono já não me pertencia mais naquela madrugada.

O dia ainda estava nascendo.

Levantei, lavei o rosto e fui até a cozinha preparar um gole de café. Enquanto a cafeteira fazia seu trabalho, fui até a varanda do apartamento em que moro para contemplar o nascer do dia.

O Sol timidamente já mostrava que aquele seria um dia bem quente.

A estação do ano era a primavera.

Olhei para a praia e vi que algumas pessoas já começavam seu exercício matinal e, nesse ínterim, até pensei em trocar de roupa e também dar uma caminhada na praia, mas, ao fixar o meu olhar na minha rua, vi passando alguns espíritos, e logo me assustei.

O que aqueles espíritos estavam fazendo ali? Eram mais de dez espíritos caminhando lado a lado. Homens e mulheres, todos muito malvestidos... o que estaria acontecendo?

Viriam eles em minha direção?

Confesso que minhas pernas fraquejaram naquele momento, tive medo de ser visto por eles. Cheguei até a me esconder atrás da cortina que há em nossa varanda. Fiquei olhando pela fresta, observando para onde eles estavam indo... será que entrariam pela minha portaria?

Nunca tinha visto nada igual aquilo. Eu estava realmente muito assustado, porque quando vejo esses espíritos, normalmente eles estão no Umbral, e eu sempre estou ao lado dos meus mentores... nunca me encontrei com eles, assim, sozinho. Não é comum para mim receber visitas de espíritos desse tipo.

Todos tinham cabelos longos. Tanto os homens, ou melhor, tanto os rapazes quanto as moças que caminhavam aceleradamente pela minha rua em direção ao meu prédio.

Eram espíritos, eu tinha certeza disso.

O Sol clareava ainda mais o dia que se iniciava.

Foi quando o grupo de espíritos acelerou ainda mais o passo, passou rapidamente pelo meu prédio, seguiu em frente até o final da rua, dobrou à esquerda e seguiu adiante.

Que alívio senti em meu coração por não ter sido percebido pela falange do mal a qual tive a oportunidade de ver naquela manhã. Após me certificar de que realmente eles estavam fora do meu alcance visual, voltei para a cozinha sedento por um gole de café.

Peguei a xícara e me servi. Sentei-me à mesa da cozinha, ainda assustado e tentando entender aquela visão.

Imediatamente, o Lucas apareceu para mim.

– Bom dia, Osmar!

– Bom dia, Lucas!

– Como você está?

– Assustado!

– O que houve?

– Você não viu?

– Não! Viu o quê?

– Aqueles espíritos passando pela minha rua.

– Espíritos passando pela sua rua? Como assim?

– Eu estava na varanda observando o nascer do dia, quando um grupo de espíritos apressados, acho que são obsessores, passou pela minha rua e seguiram em frente. Fiquei muito assustado, a aparência deles era terrível. Até achei que eles estavam vindo em minha direção, mas, por sorte, eles passaram e seguiram adiante.

– Osmar, eu vejo espíritos todos os dias, em todos os lugares, e em todas as condições.

– Sim, mas você é o Lucas. Você está desencarnado, e eu ainda estou aqui.

– Não se assuste! Os espíritos vagantes não estão preocupados com você.

– Espíritos vagantes?

– Sim, eles vivem pelas ruas de suas cidades à procura de vítimas, com o objetivo de extrair delas algo que lhes seja útil.

– Explique mais sobre isso, Lucas, por favor.

– Alguns espíritos conseguem driblar a Lei de Causa e Efeito e até mesmo a reencarnação. Outros, sequer sabem que são espíritos e ficam presos entre os planos espirituais; eles seguem vagando pela Terra como se ainda estivessem vivos, sentem como se ainda estivessem revestidos da matéria, por acreditar que não morreram.

– Se sentem vivos?

– Ao desencarnar, todos vocês irão perceber que estão mais vivos do que nunca. Perceberão que algo mudou, que estão libertos de um peso inconsciente, e logo perceberão também que essa liberdade lhes proporcionará muitas coisas.

– Entre elas, a de continuar aqui?

– Exatamente, Osmar!

– Mas, afinal, o que esses espíritos fazem?

– Vagam... como você pôde ver.

– Eles não recebem ajuda?

– Alguns deles procuram ajuda e são ajudados. Outros, permanecem na cegueira espiritual até que resolvam, por si só, procurar ajuda.

– Eles não são cobrados pelos seus atos?

– Depende dos atos.

– Como assim, Lucas?

– Se fizerem mal a alguém, se alinharão a Lei de Causa e Efeito e irão colher os frutos de suas semeaduras. Mas, normalmente, eles não fazem mal a ninguém. Vivem por aí, perdidos, sem rumo, e sem objetivos evolutivos.

– Eles não vão a centros espíritas ou a igrejas à procura de ajuda?

– Sequer sabem que são espíritos ou, até mesmo, que já morreram. Não entendem o sentido da morte; eles percebem as modificações, mas não entendem o que lhes está acontecendo, e assim seguem "vivendo mortos" como se estivessem vivos. Normalmente, são liderados por espíritos ainda mais ignorantes, que exercem o poder de persuadir esses infelizes a continuarem com suas vidas, como se nada tivesse acontecido.

– Meu Deus!

– Por que o susto?

– Não, não é susto, é que fiquei impressionado com essas informações.

– Osmar, quantas pessoas você conhece que não acreditam no espiritismo, ou que sequer têm a consciência de que são espíritos?

– Dezenas.

– Dezenas?

– Sim, dezenas, centenas, milhares... são muitas as pessoas que sequer acreditam que a vida continua.

– Você não é obrigado a acreditar em nada. Todos os espíritos são livres para crer naquilo que lhes convém. Sendo assim, existem irmãos que sequer sabem o que são. E são esses que "vivem mortos" como se estivessem vivos. Catam lixo, comem restos, visitam os cemitérios na esperança de se comunicarem com os seus que já se foram, rezam nas igrejas, passeiam em *shoppings*, viajam de avião, de navio etc. Ou seja, vivem como se estivessem vivos, mas, na verdade, estão mortos.

– Quer dizer que eles estão em todos os lugares?

– Sim, em quase todos os lugares.

– Como assim "em quase todos"?

– Existem lugares em que esses infelizes irmãos são repelidos naturalmente.

– Repelidos?

– Sim, repelidos.

– Você poderia explicar?

– Sim, claro! Lugares onde a oração é constante, lugares onde os pontos energéticos estão ativados, algumas igrejas, alguns centros espíritas, cruzeiros, casas, apartamentos, lares em geral, empresas, umbrais, colônias, enfim, muitos lugares.

– E o que os afasta desses lugares?

– A concentração energética ativa do bem presente nesses lugares.

– Você está me dizendo então que uma firmeza espiritual bem-feita pode afastar esses espíritos da minha casa, por exemplo?

– Sim. Deus colocou na natureza elementos que servem para tudo o que os seus filhos necessitarem. Existem ervas, cheiros, cores... elementos que afastam naturalmente esses espíritos. É como um repelente que os mantém seguros contra os insetos, por exemplo.

– Que interessante, Lucas!

– Banhos, ervas, oração, meditação, poder mental, firmeza mental, fé, equilíbrio, paz, cristais, pedras, mantras, e tantos outros elementos que estão disponíveis para que você se mantenha protegido dessas energias e criaturas.

– Interessante, Lucas! Isso tudo funciona mesmo?

– Sim. Há rituais que nada mais são do que uma alquimia, que conseguem resultados surpreendentes.

– Você está me dizendo que alguns rituais, principalmente aqueles que são feitos com muita fé, eles atingem seus objetivos? Rituais de proteção, por exemplo?

– Exatamente! Uma novena, por exemplo, que nada mais é que uma concentração de energias provocadas pela força da mente de um grupo, ela pode atingir objetivos incompreensíveis. Osmar, lembre-se sempre de que você é uma partícula de Deus, e, como disse o nosso amado irmão Jesus: sois deuses... lembra-se disso?

– Sim, eu sei que determinados processos funcionam perfeitamente. Por experiência própria, tenho visto que banhos, novenas, rituais, mantras, e até algumas oferendas têm atingido seus objetivos.

– Não são os objetos de uma oferenda que atingem seus objetivos, e sim a energia, a fé, e alguns elementos naturais que são colocados nela. Tudo o que existe tem propriedades fluídicas, energéticas e espirituais, sendo assim, é a composição inteligente de tudo que atinge os objetivos solicitados.

– Eu sei perfeitamente disso, Lucas. Por experiência própria, tenho visto muitos resultados, por exemplo, com banho de ervas.

– Eles são fundamentais para o equilíbrio dos corpos espirituais necessários a uma encarnação, por exemplo.

– Verdade, meu amigo.

– Portanto, não despreze o que a natureza lhe oferece e creia: há muito mais em uma planta do que somente a sua beleza externa.

– Sei disso.

– Há muito mais nas águas salgadas dos oceanos do que apenas a vida marinha. Há muito na natureza, Osmar.

– Que bom que você está nos ensinando tudo isso.

– Não desprezem nada do que lhes for oferecido pelo Criador. Deixem de lado os preconceitos e invistam em conhecimento, pois ele é a base de tudo.

– Conhecimento?

– Sim, conhecimento, sabedoria e humildade.

– Sou-lhe grato por esses ensinamentos, Lucas.

– Estamos aqui para instruir e ajudar.

– Lucas, posso te perguntar outra coisa?

– Sim, claro.

– Quantos espíritos estão vagando pelo nosso planeta? Vocês têm essa informação?

– Olha, Osmar, o número exato nós não temos, mas posso te assegurar que são muitos os que estão vagando pelo seu plano.

– E por que isso acontece?

– Como dito anteriormente, em primeiro lugar, pela ignorância; e em segundo, porque esses infelizes irmãos não desejam, ainda, a evolução.

– Quer dizer que eles vivem a vagar por opção?

– Opção, atração e preguiça.

– Nossa! Você poderia explicar?

– Sim, claro. Opção é quando você se utiliza de seu livre-arbítrio para seguir em frente ou estacionar.

Atração é quando, após o desencarne, você se alia a outros espíritos que estão em sintonia com o seu estado vibratório.

E, por último, a preguiça. Quantos preguiçosos você conhece que sequer querem estudar, trabalhar ou progredir?

– Muitos.

– A morte não lhe obriga a nada, Osmar. És livre tanto encarnado quanto desencarnado. Vocês têm, por hábito, achar que a vida depois da morte é algo misterioso. Mas eu digo que vocês estão muito enganados, pois a vida depois da morte é uma continuidade, com pouca diferença do que és hoje em seu plano. A principal mudança que todos irão sentir é a ausência de um corpo físico, mas o resto é tudo igual, exceto, claro, a algumas necessidades fisiológicas.

– Algumas? Como assim?

– Normalmente, os espíritos que não têm consciência da vida após a vida, têm a necessidade de se alimentar até que compreendam a nova condição. São esses que ficam vagando à procura de comida, banho, cama para dormir, entre outras coisas.

– Meu Deus!

– Ele mesmo, e não nos obriga a nada. Tudo nos é permitido, inclusive, evoluir.

– Não somos obrigados a evoluir?

– A evolução é como um prêmio que você precisa desejar, conquistar. É um processo natural ao qual todos os espíritos estão intrinsicamente ligados.

– Entendi, e todos nós desejamos esse prêmio, certo?

– Um dia, vocês irão perceber que o maior prêmio da vida é desencarnar sem apego, sem inimigos, sem mágoas, sem exageros, sem ter prejudicado o seu semelhante, pois o troféu da encarnação chama-se *caridade*.

– Obrigado por suas orientações, Lucas!

– Outra coisa da qual vocês precisam se conscientizar o mais rápido possível...

– O que é, Lucas? – interrompi.

– O Universo está organizado em períodos de transformação. Desde 1950, seu planeta vem sendo preparado para um novo tempo... o tempo em que o amor preponderará.

– Sim, estamos adentrando à regeneração.

– A regeneração é muito mais do que imaginas. Repare que, desde 1950, chegaram ao seu planeta mais de 5 bilhões de espíritos.

– Meu Deus!

– Veja os números de controle populacional, e você irá se surpreender.

– Por que a população cresceu tanto assim?

– Chegaram à Terra 5 bilhões de espíritos vindos de outros planetas, os quais se tornaram regenerados e seguem o curso evolutivo universal. A maioria dos espíritos que aqui estão vivem sua primeira experiência neste planeta, e, naturalmente, eles sentem o peso dessa nova vida. Alguns repelem o clima, os espíritos que aqui estavam, o corpo físico deste plano, a genética, a energia, as frequências vibracionais, dentre outras coisas.

– O que você quer me dizer com isso?

– Na verdade, eu quero alertá-los para os constantes desafios que os mais antigos, ou seja, aqueles que já estão habituados a este orbe, terão de enfrentar daqui para frente. Repare que os jovens de hoje em dia são bem diferentes dos jovens de sua época, não é mesmo?

– Realmente, eles são bem diferentes.

– Eles não são daqui e estão encontrando muita dificuldade de adaptação, mas isso é natural, acontece em todos os processos e em todos os planetas. Eles estão se adaptando à nova frequência, ao novo clima, às novas companhias, às novas tecnologias, e tudo o que existe em seu planeta.

– Entendi.

– A rebeldia, a procura de liberdade intelectual, a liberdade de expressão, o autismo, e as síndromes em geral, são sintomas desses desajustes energéticos e espirituais aos quais esses espíritos estão enfrentando, mas, com o tempo, se adaptarão.

– Essa informação é muito importante, Lucas.

– Estamos revelando tudo isso para que os leitores desta obra percebam que é preciso tempo, amor, equilíbrio e tolerância, para que o próprio tempo se encarregue de ajustar a encarnação desses irmãos. É o tempo, Osmar, o encarregado de ajustar tudo.

– Verdade. Quer dizer que fomos invadidos?

– Sim, vocês foram invadidos. Mas não se preocupem, porque esse número tende a se estabilizar daqui para frente.

– Cabe bastante gente aqui ainda, Lucas.

– Sim, mas é preciso ser feito dentro de um processo harmônico, para que o tempo se encarregue de ajustar as dificuldades energéticas e espirituais às quais todos esses irmãos estão enfrentando. Observe bem o número de suicidas, logo, você percebe que há algo errado... na verdade, faz parte do processo tudo o que está acontecendo com vocês.

À medida que esses espíritos que aqui chegaram forem se adaptando ao planeta, esses números também vão melhorando. A violência melhora, os abortos melhoram, o despreparo espiritual melhora, as religiões se adaptam, as crianças crescem e as síndromes diminuem... é um processo pelo qual todos os planetas que estão em transição também estão passando.

– Todos os planetas passam por isso, Lucas?

– Sim, é um arranjo natural da Criação.

– Eu tenho reparado que os animais estão mais sensíveis, mais inteligentes, mais interativos...

– Eles também estão evoluindo.

– Fico feliz em ser o portador dessas informações, Lucas.

– Nós também ficamos.

– Gratidão por tudo, meu amigo!

– Não agradeça, escreva!

– Vocês não perdem a oportunidade de me dizerem essa frase... desde que eu me entendo como escritor que vocês a repetem.

– É para que você não desista.

– Não vou desistir, embora as dificuldades sejam grandes.

– Não se preocupe com o que as pessoas dirão de você, pois a recompensa não é deste mundo, Osmar.

– Eu sei. Obrigado, Lucas!

– Vamos escrever sobre as Trevas?

– Vamos sim, deixa só eu me preparar.

– Te encontro no lugar de sempre.

– Estou indo, Lucas.

Preparei-me e fui até o local onde recebo os espíritos para as psicografias.

Ele já estava lá me esperando.

Cheguei, me organizei e começamos a escrever.

> "O que carregamos por dentro é o que
> nos define na vida espiritual."
>
> *Osmar Barbosa*

Trevas

O Umbral é subdividido em várias regiões. Algumas são menos densas, mas existem outras que são um verdadeiro inferno.

Trevas é um desses locais. É uma região espiritual desprovida de qualquer luminosidade. É praticamente um grande pântano, onde quase nada se vê.

Ela está localizada na subcrosta terrestre e é de dimensão imensurável. Há várias bases que são administradas por espíritos muito inteligentes, que comandam multidões de obsessores que estão dispostos a realizar tarefas destrutivas àqueles que se ligam a eles através de cultos, rituais magísticos, simbiose, e de tantas outras formas as quais só quem pratica o mal sabe.

As poucas estradas que existem são muito enlameadas, dificultando os resgates que dificilmente acontecem por lá. Quando os benfeitores precisam resgatar algum espírito, eles são assessorados por trabalhadores daquela região. Espíritos que se voluntariaram a percorrer todos os pântanos à procura de irmãos arrependidos é que, por fim, buscam ajuda divina para saírem de região de tamanho sofrimento.

É um lugar de morada de espíritos ainda envolvidos pelas mais diversas vibrações do mal, e que tiveram comportamento moral condenável em suas oportunidades reencarnatórias, ou seja, são atraídos para Trevas todos os espíritos que persistiram no mal enquanto estiveram encarnados e, agora, colhem as mazelas pelas chances desperdiçadas na vida terrena. O que sustenta esse lugar são as vibrações espirituais negativas e perversas que esses infelizes irmãos insistem em alimentar com seus pensamentos cruéis e ruins.

O livre-arbítrio, base fundamental evolutiva de todos os espíritos, propicia a esses irmãos continuarem livres moralmente, decidindo e persistindo no mal. Há muito sofrimento e lamentação por parte de alguns espíritos arrependidos; e sempre que o arrependimento for sincero, automaticamente uma equipe de socorro é acionada e destinada à Trevas para socorrer o irmão necessitado.

– Venha, Osmar. Venha comigo! – disse Lucas.

Em desdobramento, eu o segui.

Entramos em um enorme túnel escuro e chegamos a um vale com pouca luz.

Dois espíritos nos esperavam...

– Quem são esses espíritos, Lucas?

– São guardiões. Eles vivem aqui e irão nos acompanhar nesta oportunidade.

Estendi a minha mão direita e cumprimentei os dois soldados – que não disseram nada, apenas me deram um aperto de mão.

O primeiro era bem alto e, nas mãos, tinha uma lança pontiaguda que parecia ser daquelas que os soldados romanos usavam na época em que existiram. Ele estava vestido com uma roupa preta, calça e camisa de mangas compridas.

O outro era um pouco mais baixo, mas bem forte, pois pude ver seus músculos através da minúscula camisa que usava.

Ambos usavam botas que chegavam perto dos joelhos. Eu pude ver, ainda, que eles tinham cabelos longos. Eram bonitos e tinham algumas tatuagens pelos braços e, até mesmo, no rosto.

– Estão prontos? – perguntou um deles se dirigindo ao Lucas.

– Sim! – disse Lucas. – Mas, antes, quero lhes apresentar o Osmar. Ele é médium e está escrevendo um livro.

– Seja bem-vindo, Osmar! Eu me chamo Frederico, mas você pode me chamar de Fred, e este é o Júlio.

– Muito prazer, amigos!

Cumprimentamo-nos novamente com novos apertos de mãos.

– Meus amigos, antes de adentrarmos em Trevas, quero levar o Osmar a uma reunião espírita, para que ele tenha ideia do lugar e relate aos seus leitores sobre alguns dos espíritos que vivem aqui.

– Sem problemas, Lucas – disse Fred.

– Você está disposto a ir, Osmar?

– Sim, claro! O que eu puder relatar será de grande valia para os meus leitores, aliás, para mim também.

– Então, vamos! – disse Lucas, fazendo um gesto com as mãos e abrindo à nossa frente um outro túnel de claridade violeta.

Nós quatro, então, entramos nesse túnel que nos levou à referida reunião espírita.

Não conhecia aquele centro espírita, mas fiquei muito impressionado com a organização e a limpeza espiritual, se assim posso dizer, do lugar.

Havia alguns guardiões do lado de fora do prédio onde funcionava o centro espírita, e também tinham alguns espíritos de luz que emanavam energias positivas a todos os presentes. O lugar estava bem cheio.

Era uma sessão de desobsessão.

Ficamos de pé no canto da sala, muito próximos à mesa na qual os trabalhos estavam sendo realizados.

Lucas, Fred e eu estávamos lado a lado. Júlio ficou muito perto do dirigente dos trabalhos – tive a impressão de que ele tinha alguma ligação espiritual com aquele centro espírita.

– Osmar, quando nos propomos a falar dos espíritos que vivem em Trevas, é preciso saber muito bem de quais espíritos estamos falando, porque a maioria dos espíritos que frequentam as casas espíritas, na verdade, são mais ignorantes do que propriamente destinados ao mal. Vocês que trabalham nos processos desobsessivos em casas espíritas, precisam aprender a distinguir o que são obsessores e o que são representantes das trevas.

– Veja o que vai acontecer agora, Osmar – disse Fred chamando a minha atenção.

Foi quando trouxeram à mesa o espírito de um rapaz muito elegante, de estatura mediana e muito jovem.

Logo que ele incorporou em um médium, o doutrinador disse:

– Seja bem-vindo meu amado irmão!

Foi então que ele respondeu:

– Em primeiro lugar, boa noite; e em segundo, eu não sou seu irmão e conheço muito bem os seus sentimentos. Sei que você não se relaciona bem com os colegas que trabalham aqui com você, por isso, duvido muito que eu seja bem-vindo aqui...

O mediador ficou muito sem graça com aquela revelação e disse:

– Nós só queremos te ajudar, nos permita fazer isso, por favor!

– Agora você vai dizer que eu preciso de ajuda e blá, blá, blá... não é isso?

– Sim, nós queremos te ajudar.

Foi quando ele disse:

– E quem disse a você que sou doente? Quem disse que eu preciso da sua ajuda? Aliás, o que te faz acreditar que você possa cuidar de mim? Quem é que está cuidando de você? Porque suponho que quando alguém se propõe a cuidar do outro, esteja melhor do que quem supostamente está precisando de ajuda. Francamente, eu não vejo nada em você que seja melhor que eu. Seria por eu fazer o mal? Quem é você para vir com essas palavras doces achando-se melhor que eu? Enxergue-se primeiro, não venha para cá com essas ideias de que é bonzinho, pois eu conheço seu coração.

Naquele momento, outro doutrinador se aproximou e, com carinho e suavidade nas palavras, disse:

– Meu irmão, é preciso que você entenda que estamos aqui reunidos pelo amor a Jesus.

Ele então disse:

– Pronto, acabou o argumento? Não me venham com essa ladainha de que o amor é capaz de modificar tudo... vocês não têm outro argumento?

– Meu irmão, o amor não é uma ladainha, o amor é a essência divina capaz de modificar todas as coisas.

– Se o amor não é uma ladainha, por que você não vai amar o seu irmão que está em casa? Pois você não fala com ele há mais de oito anos... se você não consegue perdoar o seu irmão de sangue, como é que você vem falar de amor comigo? Você sequer me conhece...

O clima ficou pesado. Eu pude ver o desespero de alguns médiuns tamanha era a inteligência daquele elegante rapaz.

Foi quando chamaram outro doutrinador, e a história se repetiu. O obsessor sabia mais da vida daqueles que estavam ali do que os próprios participantes.

Imediatamente, mandaram chamar o presidente do centro espírita, que chegou e se sentou à mesa, calmamente.

Após se acomodar ao lado do espírito incorporado, ele disse:

– Meu querido irmão, não é necessário que você fique falando da vida dos irmãos que estão aqui experimentando a bondade e o amor, a fim de aprenderem através da doutrinação de irmãos como você, que somente nos modificando é que conseguiremos ascender a planos superiores. Somos todos aqui presentes, sabedores de nossa infância espiritual e sabemos que precisamos aprender muito para que, quem sabe, um dia, possamos ser úteis na vida espiritual. Temos consciência de que precisamos aprender muito ainda.

Surpreendentemente, o obsessor se acalmou e disse:

– Até que enfim alguém com sabedoria neste grupo, até que enfim consigo ver um coração verdadeiro. Concordo plenamente com você, realmente vocês precisam aprender muito ainda, precisam deixar a infância espiritual e, como crianças que ainda são, deveriam aprender a realizar seus trabalhos com mais maturidade.

Vocês precisam de menos prepotência, e mais estudo e disciplina. Para lidar conosco é necessário ter conhecimento e sabedoria. Estamos milhares de anos à frente de vocês, por isso, tenham muito cuidado ao nos convidar para seus encontros doutrinários.

Chega a ser hilário determinados encontros a que somos convidados. Preparem-se primeiro, para não passarem por esse constrangimento. Vocês só podem dar o que carregam dentro do coração. Não venham com palavras doces, regadas pelo mel da inveja, da prepotência e do achismo.

Sejam sinceros pelo menos com vocês mesmos.

Nós não estamos no Universo para brincar, temos um propósito muito maior do que uma simples vida de copular, juntar patrimônio, ganhar dinheiro, e humilhar as pessoas... deixamos isso para espíritos como vocês, que acham que estando encarnados sabem mais do que aqueles que estão há milênios nas regiões Trevosas do Umbral.

– Compreendemos – disse o instrutor.

– Já se foi o tempo em que simples e doces palavras modificavam o coração daqueles que eram predispostos ao mal. Estudem mais os espíritos, dediquem-se antes de reunirem-se em propósitos desobsessivos ao estudo sistematizado do mundo em que vivemos.

Nós não precisamos dos conselhos de vocês.

Vocês é que precisam nos conhecer.

Cuidado com a invocação daquilo que vocês não estão capacitados a lidar. Cuidado com os espíritos que vivem nas regiões de sofrimento, e se vocês não sabem, fiquem sabendo que os anos de sofrimento nos educam, nos ensinam e nos preparam para a prática do mal.

Não se iludam com aqueles que sequer sabem quem são, sequer sabem o que é honestidade, sinceridade, verdade e amor. Cuidado com o que seus ouvidos ouvem. Cuidado com o que a sua boca diz...

Cuidado ao nos invocar.

– Agradecemos as suas palavras, meu irmão.

– Como disse, eu não sou irmão de vocês, sou um obsessor. Tratem-me com respeito, e eu os tratarei da mesma forma.

– Agradecemos as suas instruções – disse o doutrinador, calmo e sereno.

– Estudem, experimentem, se eduquem... e só depois nos convidem para outro encontro.

– Obrigado! – disse o dirigente.

Naquele momento, o ambiente se encheu de luz. Eu pude ver quando o mentor espiritual daquele centro espírita chegara, e, ao seu lado, alguns mensageiros de luz. Os mestres se aproximaram da mesa e, após a imposição de suas mãos sobre a fronte do espírito rebelde, ele logo adormeceu. Naquele instante, alguns enfermeiros do além pegaram o rapaz e o colocaram em uma maca, levando-o para dentro de um outro túnel de muita luz, que foi aberto instantaneamente com a chegada dos enfermeiros.

Lucas, então, se aproximou de mim e disse:

– Como você pôde ver, Osmar, os espíritos representantes das Trevas, além de maldosos são extremamente inteligentes. Eles não estão muito preocupados com os centros espíritas. São espíritos que expiaram por muitos séculos na vida terrena, e a maldade está enraizada em seus corpos espirituais. Eles têm uma capacidade mental e intelectual muito acima da média em comparação a outros espíritos desencarnados. Normalmente, são esses espíritos que se comunicam em algumas denominações religiosas fingindo ser o que não são, enganando multidões.

Eles são de uma capacidade imensa. São de pouco caráter, e *experts* em enganar dirigentes, médiuns e trabalhadores que se perdem nas trilhas mediúnicas, deixando de lado o estudo, a disciplina e a caridade espontânea. Infelizmente, a maioria dos espíritos encarnados não conhecem a si mesmos . Porém, todos deveriam se preocupar em realizar a reforma íntima, não ter medo de se encontrarem consigo mesmo, descobrirem-se em essência, e passar a viver uma vida espiritual, e não a humana tão comum.

Buscar pelas transformações necessárias a promover o encontro interior no qual está a base da espiritualidade que existe em todos os encarnados. Vocês, espíritas, deveriam conhecer Trevas e, conhecendo, iriam perceber como esses espíritos estão tão presentes nos centros espíritas nos dias de hoje... vocês precisam se defender desses algozes que tanto mal querem fazer à Doutrina Espírita.

Se vocês não tomarem conhecimento de como eles manipulam os médiuns e os tarefeiros espíritas, como é que vocês vão saber se defender deles? É preciso que vocês reflitam, porque toda ação das Trevas entre os trabalhadores do amor é, na verdade, reflexo daquilo que vocês carregam dentro de si. Os obsessores não criam nada, eles só ativam ou alimentam o que já existe dentro de vocês, pensem nisso...

– É preciso que todos vocês tenham a consciência de que tudo o que é exteriorizado em um centro espírita, tem por obrigação refletir no que vocês carregam por dentro – disse Fred, entrando na nossa conversa.

– A quem vocês acham que estão enganando... se não a si mesmos? – disse Lucas.

– Não se esqueçam dos benfeitores e dos guardiões que cuidam com amor do centro espírita... como é que eles ficam nessa hora? Como eles veem vocês?

– Nossa, Lucas! Eu nunca pensei nisso...

– Vocês não podem esquecer-se dos amigos benfeitores espirituais que trabalham sempre respeitando o livre-arbítrio de vocês. Um centro espírita é como um ponto de luz, possui um campo de proteção comparado a um grande muro, que é construído pelos benfeitores para a proteção de todos que, direta ou indiretamente, estão ligados àquele ambiente de trabalho e amor.

Todas as vezes em que há desarmonia dentro de um centro espírita ou entre os grupos de trabalhos espirituais, e sempre que há maledicência ou falsidade entre os membros, é como se tivessem atirado uma potente bomba sobre os muros de proteção que o cerca, causando, com isso, um enorme rombo, permitindo a entrada desses obsessores que estão à espreita, esperando sempre pela oportunidade de desintegrar toda caridade possível.

Vocês precisam se conscientizar de que há mais do que paredes, lâmpadas, ar-condicionado, livraria, cantina, e salas em um centro espírita. É como se houvesse uma cerca elétrica, um campo de proteção que se mantém ligado através das energias espirituais e dos trabalhadores daquele lugar. Qualquer desarmonia em ambos os lados, a proteção é fragilizada, podendo até ser rompida facilmente por espíritos trevosos.

– Que lindo, Lucas!

– O grande problema, Osmar, é que os médiuns e os tarefeiros nunca estão sintonizados com o bem. A prática do bem, não só quando vocês estão no centro espírita, mas, principalmente, quando estão fora dele, é fundamental para que a proteção espiritual e energética esteja sempre ativa, protegendo não apenas as reuniões espíritas, mas também aqueles que se dedicam à tarefa do bem – disse Fred.

– No dia em que todos vocês tomarem consciência de que o mal não vale a pena, o Umbral, as Trevas, e todas as suas divisões deixarão de existir – disse Lucas.

– Como, então, podemos nos proteger desses espíritos, Lucas? Ou melhor, como as casas espíritas podem se proteger?

– Amizade verdadeira, sinceridade nos relacionamentos, dentro e fora do centro espírita, estudo sistematizado, solidariedade, carinho, respeito com todos os que trabalham ou que buscam o centro espírita, comprometimento, caridade e, acima de tudo, amor, em todos os sentidos.

– Obrigado, Lucas!

Olhei ao redor e pude perceber que o ambiente naquele centro espírita estava em paz. Todos estavam bem.

– Venha, Osmar, vamos para Trevas.

– Vamos! – disse acompanhando Lucas, Fred e Júlio.

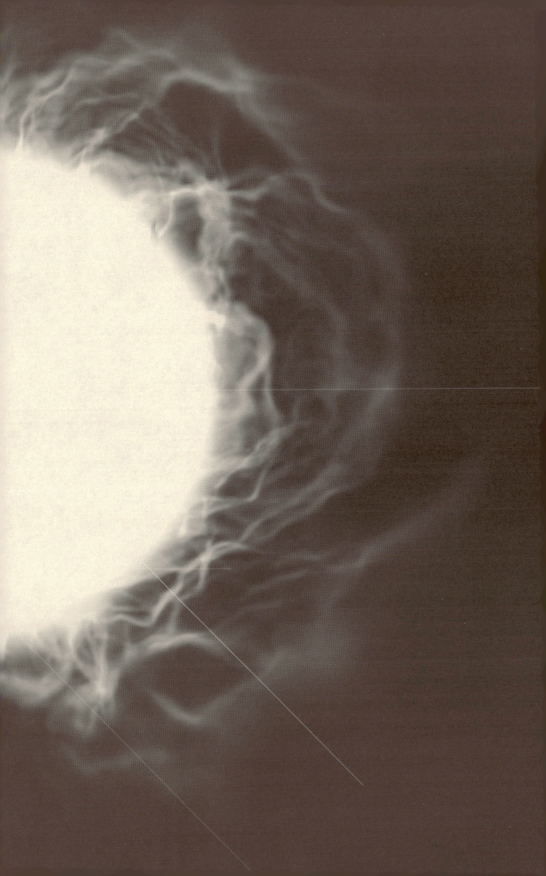

> "O céu e o inferno são portáteis, os carregamos dentro de nós."
>
> *Nina Brestonini*

O portal

Voltamos novamente para o local de partida.

Um túnel escuro estava aberto à nossa frente. Parecia um grande portal. De repente, a entrada do túnel se abriu em fogo, um enorme círculo de fogo ardente.

Eu podia sentir o calor que aquele anel projetava sobre nós.

– Vamos, amigos! – disse Fred.

– Você está preparado, Osmar?

– Sim, Lucas.

– Tenho que alertá-lo sobre algumas coisas que são possíveis neste lugar.

Ai, meu Deus! – pensei.

– Tudo bem, Lucas, pode dizer.

– Você pode ficar impressionado com algumas cenas que vou te mostrar, mas elas são necessárias para que os seus leitores compreendam o que é Trevas.

– Sem problemas, Lucas.

– Está preparado mesmo?

– Sim, estou pronto. Você está me assustando.

– Então, vamos! Não se preocupe, estou ao seu lado.

– Vamos! – disseram Fred e Júlio.

Entramos no túnel de fogo.

Uma estrada se abriu à nossa frente. Era uma grande avenida e, nela, tinham alguns prédios, todos de cimento armado.

Os telhados eram escuros, assim como todo o lugar.

Candelabros presos em pequenos postes iluminavam o caminho em que passávamos. Havia algumas árvores, todas escuras, sem folhas, altas e descomunais, seus galhos eram enormes.

Caminhamos por mais algum tempo até que chegamos a um complexo onde havia um enorme galpão, rodeado por um muro bem alto, parecia ser um presídio... foi quando perguntei:

– Que lugar é esse, Lucas?

– É um complexo presidiário.

– Presídio? Como assim?

– Você vai entender quando chegarmos lá dentro.

Paramos em frente ao grande portão gradeado, e esperamos para sermos atendidos.

Passados poucos minutos, ouvi uma campainha tocar.

Era o sinal de que seríamos atendidos.

Um rapaz forte, vestido com um uniforme policial, permitiu a nossa entrada.

– Olá, Fred!

– Olá, Francesco!

– Entrem! Sejam bem-vindos! – disse o rapaz abrindo o grande portão e permitindo a nossa entrada.

O lugar era realmente um presídio. Fiquei muito impressionado com a estrutura, limpeza e organização do local. Vários guardas transitavam pelos corredores. Todos em silêncio. Alguns presos eram conduzidos pelos corredores e acessavam outros pavimentos que ali pudessem existir.

– Venham! – disse Francesco.

Seguimos o rapaz até uma sala que ficava no final de um extenso corredor. Chegamos a uma grande sala que, na verdade, era um tribunal desses que temos aqui no plano físico.

Havia um juiz sentado ao centro e, ao seu lado, um outro espírito. À esquerda, alguns espíritos também sentados, e no restante do lugar tinham muitos outros espíritos, que pareciam estar ali para assistir àquele julgamento.

Dois homens e uma mulher estavam sentados juntos, entendi que um seria o réu. Fiquei muito impressionado com aquela cena... como assim um julgamento? Seria aquele lugar realmente um tribunal? O que aqueles espíritos estariam julgando? Por que acontecia aquele julgamento? Existem julgamentos no mundo espiritual, assim como os que temos aqui no plano físico?

– Lucas, me perdoe, mas o que estou vendo é real?

– Todos são inocentes, Osmar, até que se prove o contrário.

– Julgamento?

– Fique calmo! Na hora certa você vai entender tudo o que estamos te mostrando. Escreva! E se tiver alguma dúvida, pode nos perguntar – disse Fred.

Naquele momento, o juiz bateu o malhete na mesa e deu por iniciado o julgamento.

Sentamo-nos nas primeiras fileiras. As cadeiras estavam nos esperando.

– Senhoras e senhores, está aberta a sessão de julgamento de Benjamin – disse o juiz.

Todos os que estavam na parte de dentro do tribunal estavam paramentados, assim como sempre estão todos os que trabalham em nossos tribunais. Eu estava muito impressionado, mas seguindo as orientações de Fred, calei-

-me e passei a anotar, nos mínimos detalhes, tudo o que estava vendo.

– Senhores advogados, tens a palavra – disse o juiz.

A moça que estava junto ao réu se levantou e, dirigindo-se aos jurados, começou a falar:

– Senhoras e senhores, estamos reunidos aqui hoje para o julgamento do nosso irmão Benjamin, e gostaria de lembrar a todos que até o término desta audiência, o meu cliente é considerado inocente. Peço a todos que analisem os fatos, de forma que o julgamento ocorra dentro das Leis morais a que todos os espíritos estão envoltos.

Benjamin está conosco há exatos trinta anos. Eu gostaria de mostrar aos senhores, através da tela à nossa frente, quais foram as dificuldades que o nosso irmão encontrou em sua infância, e, dessa forma, demonstrar aos senhores que, muitos dos atos que nós espíritos cometemos, na verdade, são reflexos daquilo que vivenciamos ou aprendemos em nossa infância espiritual.

Vejam, senhores, o que a tela vai lhes mostrar, por favor!

Naquele momento, uma tela que estava à direita do tribunal começou a mostrar a infância de Benjamin.

Assistíamos a um menino de uns 7 anos de idade dormindo em seu quarto, quando, de repente, um homem de meia-idade entrou sorrateiramente pela porta já na madrugada.

O homem se aproximou e levou sua mão direita à boca do menino, que acordou assustado com a inesperada presença. Sem conseguir se proteger, ele foi abusado pelo invasor com requintes de violência. Em choque, o menino permaneceu quieto e enrolado em suas cobertas, enquanto seu algoz, após se satisfazer, deixou o ambiente.

– Como os senhores e as senhoras puderam ver, o meu cliente sofreu todo esse constrangimento e violência por diversas vezes. Seu algoz, Caetano, era o seu próprio padrasto.

Sua mãe, após se separar de seu pai biológico, contraiu matrimônio com Caetano. Vera, perdida de amores, sabia dos abusos cometidos por seu amado, mas com medo de perder o marido, fingia não saber de nada.

Agora, imaginem os senhores a cabecinha dessa criança? Imaginem os senhores, além de ser abusado, ainda não poder contar com a proteção merecida de sua mãe? Como encarar a vida com traumas desse tamanho?

Peço que, ao julgarem o meu cliente, Vossas Excelências se coloquem, pelo menos uma vez, no lugar dessa criança. Os anos se passaram, senhores, e, mais uma vez, sua mãe lhe provou ser totalmente incapaz de amar e de proteger o próprio filho, nosso réu aqui sentado.

Olhem a próxima cena, por favor.

Na tela, outra imagem era mostrada: Benjamin, já com seus 14 anos, fugia de casa, pois os abusos morais e sexuais já não lhe eram mais suportados. Ele caminhava pela cidade e sentia fome. Foi até uma lanchonete e pediu à atendente um sanduíche.

– Moça?

– Sim, menino.

– Você poderia me dar um sanduíche?

– Não posso. Se quer comer tem que pagar.

– Mas eu não tenho dinheiro.

– Então, fique com fome. Arrume algum trabalho, e depois volte aqui com dinheiro para comprar.

Triste e cabisbaixo, Benjamin deixou o lugar e se pôs a caminhar pela avenida principal da cidade, na tentativa de se alimentar em algum lugar.

Vera e Caetano estavam à procura do menino já há dois dias. Foi quando Caetano avistou Benjamin e, sem que ele percebesse, chegou por trás do garoto e lhe agarrou com brutalidade. O menino até tentou se soltar, mas o esforço foi em vão.

Após apanhar muito e ser abusado mais uma vez, Benjamin se deitou para dormir, mas sua mãe chegou ao quarto lhe oferecendo algo para beber, o que o menino inocentemente aceitou sem reclamar, em busca mental de um pouco de afeto materno.

– Beba este chá para você dormir melhor.

Inocente, o menino de apenas 14 anos pegou a xícara das mãos da mãe e, apesar de sentir um gosto ruim, ingeriu todo o líquido sob a supervisão da malvada mulher.

Na verdade, o que o menino bebia não era um chá, e sim um potente sonífero que o fez dormir por quase dois dias.

Ao acordar, Benjamin percebeu que já havia se passado alguns dias, e que ele estava sujo e com muita fome.

Naquele momento, procurou pela mãe para lhe pedir algo para comer.

– Mãe?

– Sim, Benjamin.

– Estou com muita fome, você pode me dar algo para comer?

– Espere até a hora do almoço.

– Mas mãe, eu estou com muita fome mesmo.

– Eu já disse, espere a hora do almoço.

Caetano estava sentado à mesa da cozinha e olhou para o menino com ar de ódio.

Percebendo que não conseguiria atingir seu objetivo, Benjamin voltou para o seu quarto sentindo fortes dores estomacais.

Naquele momento, os advogados de acusação pediram a palavra, que foi concedida pelo juiz.

A advogada voltou a sentar-se ao lado de seu cliente e de outros dois advogados.

– Muito comovente o que vimos até agora, não, senhores?

Um menino sendo abusado e maltratado. Um menino que tentou se libertar de seus algozes, mas não conseguiu. Entretanto, o que os senhores precisam ver mesmo é o que ele realmente é, o que ele realmente fez. E se Vossa Excelência me permitir, gostaria que todos aqui vissem o que esse doce menino fez à sua mãe e ao seu padrasto.

– A palavra vos é concedida – disse o juiz.

– Peço aos senhores que olhem atentamente para a tela ao nosso lado, pois iremos mostrar mais um pouco da vida de Benjamin.

Todos prestavam atenção às imagens que começavam a ser mostradas.

Agora, víamos Benjamin com seus 17 anos. Franzino e pálido, o menino estava na escola e conversava com seu melhor amigo.

— E aí, Benjamin, como você está?

— Estou bem, Marcos.

— Já descobriu como vai se livrar da sua mãe e do seu pai?

— Ele não é meu pai, Marcos.

— Eu sei, mas você vai continuar sofrendo desse jeito? Eu já te disse que se você quiser eu pego a arma do meu pai e te empresto.

— Não sei se devo fazer isso...

— Vai continuar sofrendo? Mata os dois e some... some da vista de todo mundo.

— Apesar da minha mãe fazer o que faz comigo, e de também permitir que ele faça o que faz, eu sinto que não é certo fazer isso.

— Tudo bem, se você quer continuar sendo a mulherzinha do seu pai...

— Poxa, Marcos! Te contei isso e pedi para você não contar a ninguém, eu confiei em você.

— Mas eu não contei pra ninguém, só não acho justo você viver desse jeito. Se fosse comigo, eu já teria metido uma bala na cabeça desse monstro.

— Não estou certo de que devo fazer isso, estou pensando em denunciá-lo à polícia.

– Então, faça isso, o que não dá mais, é para você continuar sofrendo desse jeito. Se você quiser, eu falo com o meu tio, ele é policial.

– Você faria isso por mim?

– Claro, você é meu melhor amigo. Quer que eu fale com ele?

– Você poderia pedir a ele para conversar comigo, você não precisa contar, é só marcar o encontro e eu mesmo conto tudo para ele.

– Combinado, então. Hoje, assim que sair da escola, vou até a casa dele, e explico que você tem algo muito grave para contar, daí eu marco com ele para te encontrar, pode ser?

– Você faz isso por mim?

– Deixa comigo, Benjamin! Amanhã te conto tudo.

– Mas, por favor, não conte nada sobre o que acontece comigo.

– Pode deixar, não vou falar nada.

– Obrigado, amigo! Olha, não conte nada disso a ninguém, por favor... se eles souberem que eu vou falar com a polícia, ficarei em maus lençóis.

– Pode deixar, confie em mim, não vou falar nada. Agora, vamos! Já terminou a aula.

Os meninos, então, deixaram a escola.

Benjamin foi para casa à espera da ajuda do amigo Marcos.

Naquela noite, pude ver que o garoto dormiu melhor. Ele estava decidido a contar tudo para o policial.

No dia seguinte, ao chegar à escola, Benjamin percebeu que havia uma viatura policial próxima à entrada principal.

Correndo, Marcos logo se aproximou.

– Benjamin, meu tio está te esperando... eu disse que você tem uma denúncia a fazer, mas não falei do que se trata.

– Será que devo mesmo contar tudo a ele, Marcos?

– Conte! Ou você quer continuar sendo mulherzinha? Venha, vou te apresentar a ele.

Os meninos caminharam até a viatura.

– Oi, tio!

– Oi, Marcos, este é o seu amigo?

– Sim, ele tem algo muito sério para lhe contar, tio.

– Fale, menino! Qual o seu nome?

– Meu nome é Benjamin.

– Diga, meu rapaz, o que você quer falar comigo?

O garoto permaneceu calado. Ele sentia medo de contar tudo ao policial... o que seria de sua mãe? Estava muito receoso.

– Fala logo, Benjamin! – disse Marcos.

– Nós podemos conversar em particular?

– Claro, entre aqui na viatura e vamos dar uma volta. Marcos, vá para a aula! Depois eu deixo o seu amigo em casa.

– Obrigado, tio, ajude o meu amigo, por favor.

– Pode deixar.

Benjamin entrou na viatura. O policial passou a dirigir lentamente pelas ruas da cidade.

– Benjamin é o seu nome, né?

– Sim, senhor.

– O meu é Samuel.

– Samuel, me perdoe, é que eu tenho muita vergonha do que tenho para te contar.

– Não tenha vergonha, pois eu sou policial e estou treinado para todas as situações, então, seja lá o que você tenha para me contar, conte! Vou te ajudar dentro das minhas possibilidades.

– Sabe, Samuel, desde pequeno eu sou abusado pelo meu padrasto.

– Abusado?

– Sim. Pelo menos uma vez por mês ele invade meu quarto pela madrugada e abusa de mim.

– Há quanto tempo isso acontece?

– Desde que eu era pequeno.

– E você nunca fez nada?

– Eu tenho muito medo dele e da minha mãe.

– A sua mãe sabe disso?

– Sim, ela sabe, mas finge não saber.

– Onde você mora?

– Na rua Camarinhas.

– Sei onde fica. Quem mora com vocês?

– Eu, minha mãe e ele.

– Você não tem irmãos?

– Não.

– E você quer que eu faça o quê?

– Que prenda ele.

– Para prendê-lo eu preciso de um mandado, e para que eu consiga um mandado de prisão, você precisa ir comigo até a delegacia e fazer uma denúncia, você está disposto a isso?

– Se eu fizer a denúncia, você prende ele?

– Sim, ele será preso... você terá que fazer alguns exames para comprovar o abuso e, se for confirmado, ele será condenado e, certamente, ficará alguns anos na cadeia.

– E a minha mãe?

– Será presa também. Sua mãe deveria ter te protegido, mas como não cuidou da sua segurança desde que você era apenas um menino, provavelmente ela passará alguns anos na cadeia também.

Benjamin ficou em silêncio por alguns minutos, até que foi interrompido por Samuel.

– Está tudo bem com você?

– Sim, estou bem!

– Benjamin, ouça, você querendo ou não, eu terei de investigar o que você está me contando. É tudo verdade, não é?

– Sim, é tudo verdade.

– Então, terei que tomar algumas providências em relação a tudo o que você está me contando.

– Todo mundo vai saber, né?

– Todo mundo, quem?

– Todo mundo, ué.

– Infelizmente, sim. A cidade toda vai saber.

– E aí, a minha vida miserável... acaba?

– Você terá que recomeçar. Mas o Estado vai te ajudar, você terá acompanhamento psicológico e a ajuda de alguns órgãos de proteção.

– É, mas as pessoas nunca mais vão olhar para mim como deveriam.

– Infelizmente. Não posso esconder que você ficará famoso, ainda mais numa cidade do tamanho da nossa. Certamente, os jornais irão noticiar, e você só terá sossego se se mudar para algum lugar bem distante. Mas, olha, você deve denunciar, isso é o certo. Querendo ou não, irei solicitar um mandado para prender seus pais.

– Eu sei, foi por isso que pedi ao Marcos para chamar o senhor.

– Vou deixar o meu número de telefone com você. Hoje não vou conseguir esse mandado, mas amanhã eles terão uma surpresa. Pegue o meu telefone e, se precisar de alguma coisa, me ligue. Agora, vou te deixar em casa. Não fale que esteve comigo, espere até amanhã, tudo bem?

O que Benjamin não contava era que Caetano também estava indo para casa e viu quando a viatura policial deixou o rapaz muito próximo de sua casa.

Ele percebeu que corria perigo. O que Benjamin estaria fazendo dentro do carro da polícia?

Logo, percebendo que corria sério risco, escondeu-se rapidamente para não ser visto pelo menino.

Após a viatura deixar Benjamin, Caetano correu para casa, a fim de contar para Vera o que tinha visto.

No tribunal, todos estavam atentos ao filme da vida de Benjamin.

O silêncio era total.

– Vera, Vera! – entrou Caetano gritando em casa.

– O que foi, amor?

– Você não vai acreditar no que eu vi...

– O que foi, amor?

– Eu vi o seu filho dentro de uma viatura policial.

– Benjamin?

– Sim, ele estava conversando com um policial.

– Onde isso, homem?

– Na avenida principal aqui perto de casa. Vera, ele estava me entregando para a polícia, tenho certeza disso.

– Ele não faria isso, Benjamin é um bom menino.

– Eu posso ser preso a qualquer momento, Vera!

– Ele não vai fazer isso. Vou esperar ele chegar e vou conversar com ele, fique calmo, meu amor.

– Eu não vou ficar aqui esperando para ser preso. Vou para a casa dos meus pais, e depois que você conversar com ele, me liga e me diz se posso voltar, ok?

– Não se desespere, ele não vai fazer isso. Eu conheço o meu filho, ele morre de medo de você.

– Não vou esperar, dá um jeito nisso, senão eu nunca mais volto aqui.

– Deixe de bobagens, homem. Eu vou conversar com ele. Faz o seguinte: se esconda no porão. Ele já deve estar chegando. De lá, você poderá ouvir a nossa conversa.

– Ótima ideia! Vou fazer isso.

Imediatamente, Caetano se escondeu no porão da casa à espera da conversa de Vera com seu filho.

Passados alguns minutos, Benjamin chegou em casa.

– Benjamin?

– Sim, mãe!

– Onde você estava?

– Na escola.

– Na escola?

– Sim, mãe.

– Você não esteve em nenhum outro lugar?

– Não, mãe.

– Deixa de ser mentiroso, menino, Caetano te viu conversando com um policial.

Naquele momento, o rapaz ficou vermelho de medo.

– Me conte essa história direitinho, menino, senão eu vou te acertar.

– Eu peguei carona com o tio de Marcos.

– Tio de Marcos?

– Sim, o tio dele nos ofereceu uma carona.

– Ele é policial?

– Sim, mãe, ele me deu uma carona até a esquina.

– E o que vocês conversaram?

– Coisas da escola.

– Olha, menino, se você der com a língua nos dentes, eu prometo que dou na sua cara.

– Eu não fiz nada, mãe, não falei nada.

Naquele momento, após ouvir a conversa, Caetano subiu do porão e apareceu na cozinha.

– Olha só pivete, se você contar algo ao policial, eu vou te bater tanto que ninguém mais vai reconhecer a sua cara.

– Eu não falei nada, juro.

– Vá para o seu quarto e não saia de lá até o jantar.

Benjamin correu e se trancou em seu quarto, com muito medo de sua mãe e de Caetano.

Naquela mesma noite, ele decidiu que não queria mais passar por tudo o que estava passando. Seus pensamentos se transformaram em ódio, e ele decidiu que não iria mais sofrer.

Era madrugada quando Benjamin, após pegar duas facas na cozinha, entrou no quarto de sua mãe e esfaqueou, até a morte, Vera e Caetano, que não conseguiram nem reagir ao ataque, indo a óbito naquela mesma noite.

Após o ato, ele mesmo ligou para Samuel e contou o ocorrido.

O juiz bateu o malhete informando que faria uma pausa na audiência.

A tela se apagou.

Lucas, Fred, Júlio e eu permanecemos ali sentados, esperando o desenrolar daquele julgamento.

– Lucas, posso te fazer algumas perguntas?

– Sim, claro que sim.

– Eu não estou entendendo muito bem o porquê de um julgamento...

– Como te disse, Osmar, todos os espíritos merecem uma nova chance, ninguém é culpado até que se prove o contrário.

– Certo. Mas não seria mais fácil Benjamin passar pela Câmara de conscientização, e lá ser mostrado a ele tudo o que fez?

– Osmar, as câmaras de conscientização estão localizadas nas colônias espirituais, e são destinadas a faltas de outra proporção. Aquilo que fazes na encarnação é colheita na vida espiritual, temos dito isso insistentemente nas psicografias que lhe passamos.

Cada lugar tem suas regras. No Umbral, os espíritos que chegam recebem cada um, um tipo de tratamento; nas subdivisões umbralinas existem regras planejadas para a pena ou para a condenação daqueles que cometeram faltas graves, como as daqueles espíritos que atentaram contra a Lei Maior, e você já sabe que existem Leis Naturais e imutáveis que nunca devem ser rompidas pelos espíritos.

O fato de alguém matar alguém, deve ser analisado por todos os aspectos, para que algoz e vítima tenham a mesma chance, entende?

– Quer dizer que se eu cometer um crime enquanto estiver encarnado, serei julgado depois pelo tribunal dos espíritos?

– Não, necessariamente. Este tribunal ao qual você está vendo aqui, na verdade, é um tribunal que tem por objetivo mostrar todos os lados de um crime. Mais adiante, você vai ver e vai entender o motivo de ter este presídio aqui, e também o porquê do julgamento daqueles que infringiram as Leis evolutivas. Existem casos, por exemplo, em que o espírito perde a oportunidade de reparar suas faltas por meio da reencarnação, e são esses casos que são julgados aqui em Trevas. Este lugar é especial, você vai ver.

– Espero entender e conseguir passar para os meus leitores tudo o que vocês têm para nos ensinar nesta psicografia.

– Escreva e todos irão entender.

– Vamos em frente! – disse.

Passado algum tempo, todos voltaram ao tribunal.

O juiz bateu novamente o malhete e abriu a sessão.

A advogada de defesa pediu novamente a palavra.

– Senhoras e senhores, eu gostaria de lhes mostrar mais um pouco da vida do meu cliente.

A tela acendeu-se mais uma vez, e todos nós pudemos ver Benjamin sentado em uma cela fria.

Ele havia sido condenado a uma pena de mais de trinta anos de prisão pelas mortes de sua mãe e de Caetano.

Triste, o rapaz, agora um homem de barba grisalha, esperava pelos últimos momentos atrás das grades.

Era, finalmente, o dia de sua soltura.

Os guardas se aproximaram da cela e ordenaram a ele que trocasse suas roupas, afinal, era a hora da liberdade.

Benjamin, agora vestido com uma calça *jeans* e uma camiseta branca, dirigiu-se ao portão principal, e logo que este foi aberto, propiciou ao senhor Benjamin ruas cheias de pessoas à sua frente.

Ele olhou para trás e deixou boa parte da sua vida nas paredes daquele presídio.

Cabisbaixo, caminhou em direção à estrada principal.

Após pegar carona em um caminhão, ele chegou a uma grande capital.

Vivia nas ruas comendo restos, até que se envolveu com alguns traficantes e começou a usar drogas.

Após poucos anos nas ruas, Benjamin morreu de *overdose* e, então, chegou à Trevas, sendo encarcerado à espera do julgamento ao qual estamos assistindo.

O juiz finalmente pediu aos advogados que fizessem suas últimas argumentações, pois estava na hora do veredicto.

O advogado de acusação foi o primeiro.

– Senhoras e senhores, como pudemos ver, o réu aqui presente assassinou sua própria mãe, sem dar a ela o direito de defesa. Assassinou também o seu padrasto, pois, ao invés de denunciá-lo à polícia, fez justiça com as próprias mãos.

É do conhecimento de todos que não devemos fazer justiça com as próprias mãos, pois a justiça é sempre a divina, e devemos esperar, no tempo de Deus, os ajustes necessários à evolução dos espíritos.

Deus nos deu o livre-arbítrio para evoluirmos, não para matarmos os nossos irmãos, portanto, é por esse motivo que peço a Vossas Excelências a condenação de Benjamin.

Após a argumentação, o advogado de acusação sentou-se em seu lugar.

– Com a palavra, a advogada – disse o juiz.

– Senhoras e senhores, peço-lhes que examinem este caso com muita atenção e respeito aos sentimentos de um menino que foi covardemente abusado pelos seus pais. Peço que considerem o que teria sido da vida de Benjamin se tivesse denunciado os seus algozes? Como poderia encarar os amigos na escola? Como poderia viver sendo chamado de *mulherzinha* por seus colegas? Seria a justiça divina o suficiente para castigar àqueles que lhe fizeram tanto mal por tantos anos?

Seus "pais" não tinham o direito de fazer o que fizeram. Ser pai ou ser mãe, é ser cúmplice da obra divina da criação, sendo assim, não temos o direito de explorar nem sequer maltratar os espíritos que o Pai nos confiou. Julguem Benjamin, não pelo que ele fez, mas sim por tudo o que ele sofreu. Dessa forma, tenho certeza de que todos nós faremos justiça neste dia.

A advogada voltou para o seu lugar e sentou-se à espera do veredicto.

O juiz, então, ordenou aos jurados que se reunissem para darem a sentença.

Naquele momento, confesso que fiquei dividido. Qual seria a verdadeira justiça neste caso?

Olhei para o Lucas que, serenamente, sorriu.

Fred e Júlio estavam calados.

Esperamos por alguns minutos até que, finalmente, iríamos saber qual teria sido o resultado.

Todos voltaram ao tribunal.

– Todos de pé! – disse o juiz, batendo seu malhete.

– Senhoras, senhores, advogados, convidados, promotores, jurados, e todos aqui presentes, tenho em minhas mãos a decisão dos jurados. Peço a todos que façam silêncio após o veredicto, que poderá agradar alguns e contrariar outros, mas a decisão desta corte deverá ser respeitada dentro das Leis vigentes.

Passo a ler o veredicto: aos dias de hoje, no ano de hoje, às horas atuais, os jurados, em sua maioria, decidiram que o réu Benjamin é inocente, e deverá ser encaminhado para uma colônia espiritual, onde através de esforço, estudo e merecimento poderá reencarnar ao lado dos pares para reparar a falta cometida.

Leio, assino e autorizo a liberdade e o encaminhamento imediato de Benjamin para o seu progresso espiritual.

Após bater algumas vezes com seu malhete sobre a base apropriada, o juiz deu por encerrado o julgamento.

E eu, cheio de dúvidas e perguntas a fazer para o Lucas e para os meus novos amigos.

Deixamos o tribunal e fomos para outra sala.

– Venha, Osmar! – disse Fred.

Caminhamos pelo extenso corredor e entramos em uma sala na qual havia uma grande mesa – dessas de reuniões em empresas. Havia, aproximadamente, oito lugares. Após Fred me indicar uma cadeira, nos sentamos.

– E agora, Lucas?

– Agora, vamos esperar.

Calei-me a esperar pelos novos acontecimentos.

Foi quando Benjamin e sua advogada chegaram à sala.

Fiquei muito surpreso, mas mantive o silêncio e tentei manter a calma.

– Sentem-se! – disse Fred.

– Olá, Fred!

– Olá, Eugênia!

– Olá, Lucas! – disse ela.

– Que bom que você permitiu a mim conversar com Benjamin.

– Eu que agradeço a oportunidade de conversar com os senhores – disse Benjamin.

– Meus amigos, este é o Osmar! Ele é médium e está desdobrado para escrever mais um pouco sobre as regiões de sofrimento e as correcionais aqui no plano espiritual.

– Seja bem-vindo, Osmar! – disse Eugênia.

– Sou eu que agradeço a todos vocês por permitirem a mim escrever tão valiosos livros.

– O que vocês desejam saber? – perguntou Benjamin.

– Na verdade, nós queremos explicar todo esse processo ao qual você esteve envolvido, para que todos possam entender como funcionam casos como o seu aqui em Trevas.

– Podem perguntar o que vocês quiserem, estou aqui para ajudar.

– Obrigado! – disse Lucas.

– Conte-nos o motivo de você ter passado por esse julgamento – quis saber.

– Meu nobre escritor! Todos os espíritos, encarnados ou desencarnados, recebem oportunidades evolutivas, seja aqui, no Umbral, no Limbo, nas colônias... em todos os planos espirituais existem muitas oportunidades de reparação e de evolução, mas essas oportunidades não devem ser desperdiçadas.

À medida que desperdiçamos uma oportunidade evolutiva, vamos criando ou construindo a nossa própria estrada, que pode nos trazer para Trevas, nos levar para regiões sublimes ou, ainda, de muito sofrimento.

Como aqui não existem setores encarcionistas, ou seja, aqui não temos mais como pedir para reencarnar e receber novas oportunidades, temos que conseguir de outra forma, assim, todos que aqui se encontram, possuem duas possibilidades: ou são resgatados por espíritos superiores que, através da misericórdia divina, conseguem dar uma nova oportunidade a seus afins que estão sofrendo em Trevas, ou passam pelo processo de julgamento dos seus atos.

Se vencer, irá para uma colônia, onde deverá estudar muito e se aplicar para merecer um novo corpo ao lado daqueles a quem você fez tanto mal e, assim, reparar o erro anterior, evoluindo definitivamente para os planos superiores. Caso contrário, permanecerá nos presídios que existem aqui, esperando por uma nova oportunidade, o que pode demorar séculos.

– Existem muitos presídios aqui?

– São três os presídios que existem aqui.

Um masculino, um feminino, e outro misto. A capacidade desses presídios é muito grande, na verdade, eu nem sei precisar quantos espíritos estão aqui atualmente. Embora tenha passado trinta anos esperando esse julgamento, até hoje não conheço toda a estrutura do lugar.

– Agora que você ganhou a liberdade, o que vai fazer?

– Me empenhar bastante nos estudos, me dedicar a aprender tudo o que eu puder e aproveitar ao máximo a minha nova encarnação.

– Você sabe que irá encarnar ao lado de Vera e Caetano, não sabe? – questionou Eugênia.

– Eu sei, mas estarei preparado para vencer.

– Você já sabe para qual colônia irá?

– Não sei ainda, mas não importa o nome, só tenho a agradecer pela oportunidade que recebi hoje. Irei me esforçar ao máximo para nunca mais voltar para este lugar.

– Para onde ele vai, Lucas, você sabe? – perguntei.

– Para uma colônia correcional. Existem milhares de colônias preparadas para receber espíritos como Benjamin.

– Sabe o nome? Poderia me informar para colocar no livro?

– Primeiramente, ele irá para a Mansão da Paz, que é uma escola de reajuste espiritual e fica sob jurisdição da colônia Nosso Lar. Depois, ele seguirá o curso natural, mas, provavelmente, fique em Nosso Lar mesmo até o reencarne – informou Eugênia.

– Que legal!

– Você tem mais alguma coisa a acrescentar, Benjamin?

– Já que se trata de um livro, eu gostaria primeiramente de agradecer a todos vocês por terem permitido que eu contasse a minha história; segundo, queria dizer a todos para aproveitarem ao máximo as experiências terrenas e extraírem delas a evolução necessária para compreender toda a criação. Gostaria de ressaltar também que todo mal praticado será julgado em algum momento da vida. Portanto, não faça ao outro o que não desejas para ti. Tudo o que está sendo revelado neste momento é a mais pura verdade... vocês têm o direito de não acreditar em nenhuma linha escrita até aqui, mas saibam que eu tenho o dever de alertá-los... você não vai morrer, e tudo o que fizer lhe será cobrado na vida espiritual. Aproveite a vida, seja justo, honesto e bom... isso sim é ser inteligente, e sendo inteligente, serás feliz.

– Obrigado, Benjamin, pelas palavras e por permitir contar sua história para os meus leitores.

– Agora, preciso ir com Eugênia para os meus novos desafios. Deus abençoe todos vocês, e muito obrigado por tudo o que fizeram por mim.

– Nós que agradecemos... – disse Lucas.

Nos abraçamos e nos despedimos.

Benjamin estava em lágrimas.

E eu, nem consegui escrever mais...

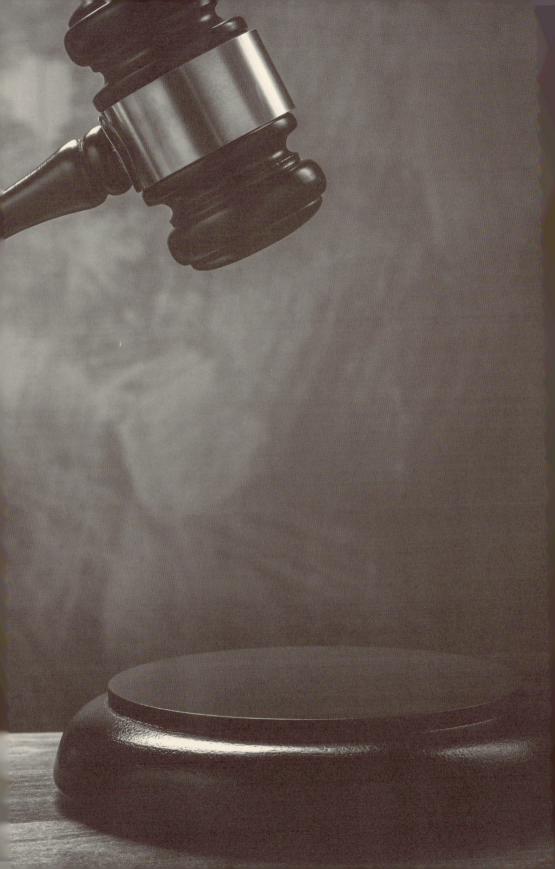

> *Porque Deus tanto amou o mundo que deu o seu Filho Unigênito, para que todo o que nele crer não pereça, mas tenha a vida eterna.*

João 3

A grande lição

Naquele dia, confesso a vocês que não dormi. Meus pensamentos me acompanharam pela madrugada adentro. O que meus leitores iriam pensar sobre esta psicografia? Como assim, um julgamento nas regiões de sofrimento? Somos julgados? Um lugar onde somos julgados?

Eu já tinha lido algumas coisas sobre Trevas, mas nunca poderia imaginar que o amor de Deus estivesse tão presente assim.

Você condenaria ou absolveria Benjamin?

O que você faria?

Essas duas perguntas não me deixaram dormir naquela noite...

Eu estava lá... vi com os meus próprios olhos tudo à minha frente. Como não confiar e acreditar no que vi desdobrado?

Naquela manhã, Lucas me procurou para me salvar da angústia.

– Bom dia, Osmar!

– Graças a Deus você apareceu!

– O que houve?

– O que houve? Você ainda pergunta?

– Por que você está assim, tão nervoso?

– Já sou julgado por muita gente e, como você sabe, os meus juízes não são bonzinhos.

– Você está preocupado com isso?

– Não é para ficar?

– Eu não ficaria.

– Como assim, Lucas, um tribunal em Trevas?

– Você esteve lá. Não está acreditando no que viu?

– É exatamente esse o problema, eu estava lá. Assisti ao julgamento de Benjamin com esses olhos que a terra há de comer.

– Pois bem, qual é o seu problema?

– Não consigo acreditar no que vi, Lucas.

– Se você não acredita no que viu, o que é que eu posso fazer para te convencer?

– Ah, sei lá, estou confuso...

– Pois não fique. O que você viu em Trevas é um ínfimo pedaço de tudo o que tem lá. Existem muitos mistérios que ainda serão revelados por vocês.

– Ínfimo pedaço?

– Sim, a região de Trevas é muito extensa. Há centenas de cidades, vilas, abismos, subtrevas, presídios, como aquele em que estivemos etc.

– Sobre esses mistérios... o que você quer realmente dizer com isso?

– Osmar, o mundo está em evolução, os espíritos estão em evolução. Deixa eu te lembrar de uma coisa.

– Diga, Lucas.

– Antes da vinda de Jesus, alguns profetas diziam através de oráculos, vidência, sonambulismo, desdobramentos, visões etc., que o Messias iria viver entre eles. E que a vinda do Mestre traria revelações para a humanidade... você sabe disso, não é?

– Sim, há várias citações bíblicas sobre a vida de Jesus. E até nos dias atuais os oráculos continuam a revelar muita coisa para a humanidade.

– Então, por que você ainda duvida do que viu em desdobramento?

– É complicado tudo isso, Lucas.

– Veja nas Escrituras Sagradas, há várias citações sobre a vinda de Jesus.

– Você poderia me dizer algumas?

– Claro! Veja:

o Isaías 7:14–Isaías profetiza que uma jovem pura daria à luz o Filho de Deus.

o Mateus 1:18–23–Cumpre-se a profecia de Isaías.

o Isaías 9:6–Isaías profetiza que Jesus Cristo viria como um bebê, Jesus é chamado por vários nomes.

o Miquéias 5:2–Miquéias profetiza que Jesus nasceria em Belém.

o Mateus 2:4–6–Os escribas sabiam que, segundo a profecia, o Messias nasceria em Belém.

o 1 Néfi 11:18–21–Néfi profetiza que o Filho de Deus nasceria de uma virgem.

o Lucas 1:26–31–Uma virgem chamada Maria seria a mãe de Jesus Cristo.

o Alma 7:9–10–Alma profetiza que Jesus nasceria de Maria.

o Mateus 2:2–Uma estrela nova surgiu em Israel.

– Muito bem. Se as informações não tivessem chegado, como vocês saberiam da vinda de Jesus?

– Não saberíamos.

– E por que vocês foram informados?

– Não sei.

– Porque era chegada a hora da informação, da revelação. É assim que funciona até os dias de hoje. Primeiro, preparamos o terreno, para, depois, chegar a informação. Você usa de seus dons mediúnicos para informar a todos que leem suas obras sobre tudo o que acontece na vida espiritual. Você, meu caro médium, tem sido um instrumento útil aos espíritos.

– Agradeço todos os dias por essa oportunidade, Lucas. Eu não tenho receio a respeito das informações que são trazidas, na verdade, sou muito grato por ser esse instrumento. Porém, são informações novas e, toda novidade no meio espírita, logo é tachada de mentirosa.

– Não se preocupe com o que vão dizer.

– Eu sei, escreva, Osmar, escreva.

– Faça cumprir-se sua missão. Um dia, todos serão muito gratos pelas orientações que você tem passado através das psicografias. Logo, outros médiuns escreverão a mesma coisa, de forma diferente, como tem sido por toda a existência carnal. Como tem acontecido com outros escritores. Nós compreendemos a sua preocupação, mas precisamos dar o primeiro passo, entende?

– Entendo perfeitamente, só não sei se as pessoas entenderão.

– Não se preocupe com isso.

– Você poderia me explicar melhor, Lucas? Somente para que fique bem claro...

– Sim, claro que sim! Osmar, à medida que a humanidade evolui, mais informações chegam para vos auxiliar no processo evolutivo. Você e outros médiuns são os "carteiros" do além. Nós somos os informantes, os mensageiros. Não se preocupe com o que as pessoas vão pensar ou achar do que você escreve. O que importa, de fato, é que essas informações cheguem a todos. Quando vier 'aquele' que trará mais informações a vocês, 'ele' confirmará tudo o que estamos informando.

– Chegará? Me conta isso, Lucas!

– Em breve, vocês terão a presença encarnada de mais um iluminado, que trará novas diretrizes religiosas e informações mais detalhadas da vida após a vida. Ele já está encarnado, só não tem a idade adequada ainda para escrever. De tempos em tempos, de acordo com os merecimentos, os missionários do amor encarnam para trazer mais informações.

– Entendi. Tudo o que estamos escrevendo, na verdade, é uma pré-informação do que será informado em breve, é isso?

– Exatamente. Por isso, não fique preocupado com as informações que você está recebendo. O tempo se encarregará de confirmar todas as linhas deste livro.

– Isso me deixa mais tranquilo, Lucas.

– Não perca o seu precioso tempo preocupando-se com as críticas, pois elas existem até mesmo aqui na vida espiritual. Osmar, estamos todos em evolução, e são as experiências que nos transformam. Elas existem em todos os planos da criação. Ninguém vira santo quando desencarna. Na verdade, a conscientização de que o espírito é imortal possibilita a ele ser um tirano ou, se preferir, um servo de Deus.

– Sério, Lucas?

– Sim, sois livres, nada muda em seu caráter após a morte. Você é aqui o que é aí, e vice-versa. Portanto, aperfeiçoe-se através das experiências, e deixe as críticas para aqueles que preferem uma vida doutrinada.

– A Nina me fala muito sobre isso.

– Sobre a liberdade?

– Sim, ela sempre me diz que qualquer doutrina é muito prejudicial ao espírito em evolução.

– E ela está certíssima.

– Eu penso assim também... como não crer nas múltiplas possibilidades do Criador? Como não crer em vocês que nos orientam com amor? É tolice julgar o desconhecido, é o que penso.

– E você está certo. Pense sempre assim, pense como um pássaro, livre das gaiolas ideológicas que atrasam a evolução. Se estivesse encarnado nos dias atuais, Kardec certamente estaria pesquisando todas as religiões que derivaram do seu projeto inicial. Existem múltiplas possibilidades para o espírito, esteja ele encarnado ou desencarnado. É bom lembrar que o desencarne não é mortal, pelo contrário, é o momento em que o espírito toma total consciência do que realmente ele é. E, quando isso acontece, tudo o que ele achava ser besteira, torna-se realidade diante de seus olhos.

– Não vejo a hora de desencarnar e poder explorar todas essas possibilidades.

– Não tenha pressa, seu dia chegará.

– Eu sei, não tenho pressa.

– Aproveite a vida ao máximo! Mente aberta, corpo são.

– Obrigado, Lucas!

– Sempre que precisar, estaremos à disposição.

– O que vamos fazer agora?

– Vamos para o Abismo?

– Ao seu lado, eu vou para qualquer lugar, meu nobre instrutor.

– Prepare-se e vamos.

– Estou pronto, meu amigo.

– Está bem, mas, por hoje, já foi o suficiente.

Lucas, então, me deixou, e ficamos de nos encontrar num outro dia.

Eu estava em paz após essas revelações, e preparado para o próximo capítulo.

> *Há muitas moradas na casa do meu Pai.*

Jesus

O Abismo

Naquela tarde, eu acabara meus compromissos e estava me preparando para ir para casa, para o merecido descanso, quando Lucas me procurou novamente.

– Boa tarde, Osmar!

– Oi, Lucas! Que bom ter você aqui.

– Temos que terminar o livro.

– Sim, eu estava mesmo conversando comigo mesmo, e me perguntando sobre quando iríamos terminar o livro... pensei: cadê o Lucas?

– Estou aqui!

– Deixe-me aprontar tudo aqui para começarmos.

– Eu espero – disse o amado instrutor sentando-se na cadeira ao lado da minha mesa.

Mantenho sempre uma cadeira, supostamente vazia ao meu lado, à espera dos mensageiros do além.

– Sente-se, Lucas, é só o tempo de me organizar.

– Eu espero, não se preocupe.

Após alguns minutos, estávamos prontos para dar continuidade ao livro.

– Podemos começar, Lucas.

– Vamos ao Abismo?

– Posso ficar tranquilo?

– Como já te alertei, você verá algumas coisas que, a princípio, poderá não compreender, mas, confie, pois estou ao seu lado para lhe conduzir.

– Sempre confiei em você, meu amigo.

– Vamos! – disse Lucas me pegando pelo braço e me levando a uma região muito escura.

Ele não me soltava. Eu até estranhei essa forma de ele me conduzir, porque sempre que vamos escrever, eu simplesmente sigo os mentores e relato tudo o que vejo. Mas como o lugar era muito denso e escuro, ele não largou do meu braço.

Coloquei a minha mão direita sobre a dele para me assegurar de que não seria solto naquela escuridão. Após alguns minutos volitando ao lado dele, finalmente chegamos a um outro portal.

Paramos e ficamos em silêncio olhando para o grande anel aberto à nossa frente.

– É aqui o Abismo, Lucas?

– Essa é uma das entradas do Abismo.

– Estamos esperando alguém?

– Sim.

– Posso saber quem é?

– Miguel.

– Quem é Miguel?

– O amigo que vai nos acompanhar.

– Certo.

– Vamos aguardar... ele já está a caminho.

– Sem problemas, Lucas.

– Aproveite para relatar em detalhes o que você está vendo.

– Deixa comigo!

À nossa frente, um grande portal dividia claramente a vibração energética e espiritual dos dois lados. No lugar onde estávamos, embora estivesse muito escuro, não me senti incomodado. Mas, ao olhar para o outro lado, era possível ver uma densa névoa escura por todo o local. Eu conseguia ver gotículas de chuva, como se fosse uma garoa bem fina, mas que estranhamente não tocavam o solo.

– Lucas, que estranha essa chuva que não cai.

– O Abismo e os Sub-abismos são, sem dúvida, os piores lugares que você verá na sua vida.

– Meu Deus!

– Não se assuste, pois se você continuar assim como está, não correrá o risco de ser atraído para cá.

– E quem vem para cá, Lucas?

– O Abismo é um lugar onde ficam os espíritos que falharam nas missões às quais se predispuseram a fazer – principalmente as missões humanitárias e políticas. Este lugar foi criado para resguardar esses espíritos dos outros espíritos que desencarnaram vítimas deles, e que, agora, querem a vingança a todo custo.

– Meu Deus! O que mais podemos relatar sobre o Abismo?

– O Abismo é uma região espiritual de padecimentos inenarráveis, e é destinada aos espíritos que cometeram os mais graves crimes contra as Leis Divinas. Principalmente, contra o próximo. Esses espíritos aglutinam-se em vales, castelos e vilas que existem aqui, consoantes aos erros que tenham cometido na última encarnação.

– Eles são atormentados aqui, Lucas? Por que todo esse castigo? Se assim posso dizer... Por que Deus não poupa esses espíritos deste lugar? Seus algozes os perseguem aqui? Desculpe-me, mas são tantas dúvidas que tenho que lhe perguntar.

– Vamos por partes, Osmar. Você pode achar que eles não estão sendo poupados de seus algozes, mas, não, a misericórdia divina, na verdade, nos poupa de conviver com esses espíritos e de partilhar de seus sofrimentos, por isso, este lugar existe. Eles são isolados aqui no Abismo para que, através de muito sofrimento, possam relembrar as Leis Maiores e, por meio do amparo e do auxílio que existem aqui, consigam, em primeiro lugar, novas oportunidades de refazimento perispiritual.

– Refazimento perispiritual?

– Sim, você vai ver que a maioria dos espíritos que aqui vivem não têm forma. Perderam toda construção perispiritual que foi adquirida através das encarnações devido à insistência no mal.

– Meu Deus, o que será que verei?

– Espíritos sem forma.

– E qual é a forma de um espírito sem forma, Lucas?

– Alguns mantêm ainda uma vaga aparência espiritual; outros, pedaços de períspirito; e muitos são ovoides. Existem muitas formas e você poderá ver e relatar.

– Senhor, tenha misericórdia desses irmãos!

– Ele tem.

– Se tem, por que eles sofrem tanto aqui sem ao menos ter uma forma espiritual?

– Porque atentaram gravemente contra as Leis Divinas.

– E por que existem essas Leis?

– As Leis Divinas, na verdade, são Leis Naturais. Elas são um conjunto de 'Energias e Fluidos' que mantém o equilíbrio existencial dos espíritos. É como um alimento que todos precisam comer para poder evoluir. Quando você come algo estragado, mesmo sabendo que está estragado, o que acontece?

– Passo muito mal.

– É isso. As Leis Naturais estão ao seu redor, e elas te avisam instintivamente quando não se deve infringi-las. Se transgredi-las, adoecerá, e adoecendo, perderá parte da construção espiritual adquirida nas encarnações. Simples assim.

– Meu Deus, como não tinha pensado nisso antes...

– Tudo é muito simples, porque tudo o que Ele criou, o fez com amor. E o amor é simples, basta praticá-lo para viver em harmonia com o Criador e as criaturas.

– Lucas, eu não sei o que seria de mim, se não fosse você.

– Você seria o que é da mesma forma.

– Não é isso, é que você nos ensina de uma forma simples.

– O que você escreve é destinado aos simples, são eles que precisam de orientações simples. Simples assim.

– E como reconstruir um períspirito danificado, Lucas?

– Transformando-se, praticando o amor, adquirindo conhecimento, amando e sendo amado, perdoando, amparando, auxiliando, enfim, modificando-se todos os dias, cultivando sempre os bons sentimentos, trabalhando incansavelmente pelos outros, e preparando a vida futura.

– Que ótimo conselho, meu amigo!

– Osmar, é importante relatar que aqui existem regiões que são chamadas de Sub-abismos. São lugares onde vivem seres horripilantes e com aspectos disformes, que perderam totalmente a forma humana, degradados pela permanência no mal, ou seja, não possuem mais o corpo espiritual, como te disse anteriormente.

Infelizmente, esses irmãos perderam totalmente sua mente consciente e vagam como vampiros agonizando pelas estreitas estradas que levam aos labirintos, locais onde vão cumprir suas penas, impostas pela insistência da prática do mal em suas várias encarnações.

Desperdiçaram muitas oportunidades. É importante que todos saibam disso. Para vir para cá, o espírito precisa de muitas encarnações, assim como para viver em uma colônia espiritual é preciso evoluir.

Vale lembrar, que o espírito não retrograda, mas a sua forma perispiritual, sim, assim como já lhes foi informado pelo nosso irmão André Luiz. O nosso intuito é o de advertir àqueles que ainda não compreenderam, que somente a prática do amor ao próximo e a caridade podem nos manter seguros quanto a vida após a vida.

– Obrigado pelos seus ensinamentos, Lucas.

– Não agradeça.

– Já sei, escreva...

Naquele momento, um rapaz se aproximou de nós.

Alto e com os cabelos brancos jogados sobre os ombros, o simpático moço se aproximou de braços abertos, prontos para abraçar o Lucas. Após um abraço afetuoso, ele dirigiu-se a mim e também me abraçou.

– Sejam bem-vindos, meus amigos! – disse Miguel.

– Eu já estava com saudades, meu amigo! – disse Lucas.

– Ah, meu amigo Lucas, tenho trabalhado tanto que nem tenho mais tempo para visitar os amigos de Amor e Caridade. Como estão todos por lá? Como está a Nina?

– Estamos todos muito atarefados também.

– Os tempos são outros, meu amigo...

– Este é o Osmar! – disse Lucas apontando para mim.

– Eu fui avisado de sua presença, Osmar, seja muito bem-vindo!

– Eu que agradeço a oportunidade de estar aqui.

– O papo está ótimo, mas temos uma missão pela frente, vamos?

– Sim! – disse Lucas se apressando.

Os dois seguiram para dentro do portal e eu os acompanhei.

A entrada até que não era tão assustadora como eu tinha visto anteriormente. O que mais me incomodou, nos primeiros passos dentro do Abismo, realmente foi a questão da chuva fina que parecia não tocar o chão... era como se as gotículas flutuassem no ar pesado daquele lugar.

O chão era de muita lama. Uma lama preta, muito escura mesmo. Pequenas árvores sem folhas, somente com gravetos, e pareciam estarem mortas.

Do nosso lado esquerdo, havia um barranco muito alto, parecia que estávamos caminhando ao lado de uma grande montanha. A pouca luminosidade que havia e que nos guiava, saía dos corpos de Lucas e de Miguel. Parecia até que suas roupas eram cintilantes, a ponto de iluminar a nossa caminhada.

Após caminharmos por um bom tempo, resolvi perguntar, de fato, para onde estávamos indo...

– Lucas?

– Sim.

– Está muito longe o nosso destino?

– Estamos quase lá.

– Você terá uma agradável surpresa quando chegarmos lá, Osmar – disse Miguel.

– Existe algo agradável neste lugar?

– Existem coisas agradáveis em todos os lugares.

– Espero que não demore.

– Já estamos perto.

Entramos por uma floresta morta. Várias árvores sem vida cercavam a estrada em que estávamos, até que essa mesma estrada se transformou em um caminho estreito o qual nos levou, finalmente, a uma pequena cabana feita de madeira, com telhado de sapê.

Em um pequeno alpendre na frente da cabana, eu notei que alguém estava sentado nos esperando.

Ao nos aproximar, tive uma surpresa.

– Olhe, Osmar, veja quem nos espera...

Reconheci de pronto. Era o Felipe! Eu conheci Felipe quando da psicografia do livro *Cinco Dias no Umbral*.

Mas, afinal, o que o Felipe estava fazendo naquele lugar?

Acelerei o passo, ansioso para abraçar o amigo que há tanto tempo eu não via.

– Felipe! – disse, abraçando-o.

– Meu nobre escritor!

Nos abraçávamos, quando Lucas e Miguel se aproximaram.

– Como está, Felipe?

– Estou bem, Lucas. Olá, Miguel!

– Olá, meu amigo! Como é bom revê-lo.

– Eu que agradeço por novamente encontrá-los.

– Ela já chegou?

– Sim, está lá dentro.

Naquele momento, o meu coração disparou. Seria a Nina?

– Venham, vamos entrar – disse Felipe, aproximando-se da maçaneta que abria a única porta da cabana.

Ao entrarmos, meu coração disparou de felicidade. Sentada em uma cadeira estava a linda Nina Brestonini.

Ela logo percebeu minha emoção e, prontamente, se aproximou de mim, me dando um caloroso abraço.

Confesso que são esses abraços que não me deixam desistir de escrever e desdobrar.

– Nina, que saudade!

– Nós também estávamos com saudade de você, Osmar.

– Eu contava os dias em que você me procuraria novamente para escrevermos mais um livro... e olha, aqui está você!

– O Lucas me falou que estava te trazendo, por isso, decidi esperar um pouco para poder lhe abraçar e te pedir para que não desista de nós.

– Eu? Desistir de vocês? Nina, eu não tenho outra razão de viver se não a de escrever essas obras ao lado de vocês. Tudo o que mais desejo é terminar a minha tarefa da melhor maneira possível e, se vocês me permitirem, poder trabalhar ao lado de vocês.

– Todos podem fazer o que fazemos, basta que superem todas as dificuldades evolutivas. Nunca desistam de si mesmos, e estudem, aperfeiçoem-se, evoluam... vale a pena o final da estrada, posso lhes garantir.

– Jamais desistirei, Nina.

– Estão, todos prontos? – perguntou Miguel.

– Sim, estamos! – disse Felipe.

– Bom, então vou acionar os nossos guardiões para podermos adentrar nas regiões inferiores e cumprir com a nossa missão.

Lucas sentou-se à mesa e pegou um papel que estava guardado em seu bolso.

– Trouxe o mapa, Lucas?

– Sim, ele está aqui – disse ele, apontando com o dedo indicador para uma região marcada no mapa.

– Ótimo! Sei onde fica – disse Miguel.

– Você vai conosco ou vai esperar aqui, Nina?

– Se os senhores não se incomodarem, eu posso ir com vocês.

– É um prazer tê-la em nossa companhia – disse Lucas.

– Precisaremos de algum transporte?

– Não, Felipe, essa região não é muito longe daqui.

– Ok, Miguel!

– Peguem suas coisas e vamos caminhar.

Todos nos aprontamos e, seguindo a orientação de Miguel, saímos da cabana à espera dos guardiões.

Logo, quatro homens chegaram. Eles eram bem fortes e vestiam roupas tribais, pareciam africanos. Seus cabelos estavam trançados e ornados com fitas coloridas. As roupas eram minúsculas, e todos tinham lanças longas e afiadas nas mãos.

Um deles tinha um rolo de cordas sobre os ombros. O outro, carregava nas costas uma espécie de maca, feita de lona preta fechada e amarrada com cordas finas.

– Estamos prontos, Miguel! – disse um deles.

– Então, vamos amigos.

Nos pusemos a caminhar floresta escura adentro.

A estrada, muito estreita, não permitia que andássemos um ao lado do outro, por isso, seguíamos em fila.

Nina estava entre nós.

E eu, olhando para ela, emocionado e também muito preocupado com o bem-estar da minha querida mentora.

Ela olhava para todos nós com carinho e não reclamava de nada, embora a estrada enlameada sujasse bastante os nossos pés.

A escuridão agora era quebrada por tochas acesas, carregadas pelos guardiões, o que facilitava um pouco a nossa caminhada.

Após algum tempo caminhando, um dos guardiões que estava à frente parou para nos alertar que estávamos muito próximos do nosso destino.

– Nina e Felipe, agora vocês precisam ficar aqui. O local onde se encontra o nosso objetivo não é recomendado a vocês – disse Miguel.

– Vamos deixar um guardião aqui com vocês, enquanto estivermos fora – disse Lucas.

– Olhe, Nina, vamos ficar embaixo daquela árvore, parece haver uma pequena caverna, podemos nos abrigar ali, o que você acha? – perguntou Felipe.

– Eu posso ficar onde for melhor para todos – disse a amada mentora.

– Então, venha! – disse Felipe, pegando-a pelo braço e a conduzindo para o local.

– Nós vamos seguir em frente. Agora, Osmar, preste muita atenção em tudo e anote todos os detalhes, pois eles são muito importantes para que todos compreendam a nossa missão.

– Pode deixar! – disse preocupado em não perder nada.

– Até breve, Nina!

– Não demorem – disse Felipe.

Começamos a descer por uma estreita trilha que nos levava a um enorme buraco, parecia uma enorme cratera vulcânica. Eu pude ver que havia fogo ardente no lugar. Parecia que o local era tomado por lava vulcânica.

O cenário era terrível.

O lugar era muito grande e quente.

Naquele momento, me aproximei de Lucas. Eu sabia que algo muito ruim estava me esperando.

Eu vi corpos mutilados. Eu vi espíritos sem pernas, sem braços, em pedaços...

Verdadeiros zumbis destroçados e agonizantes.

À medida que íamos entrando na cratera de fogo, eu via homens e mulheres rosnando, uivando, chorando, lamentando, rangendo os dentes... tinham cabeças vivas sem corpos, braços soltos pelo caminho, corpos sem braços e pernas que se mexiam como se fossem restos mortais vivos.

– Lucas, o que é isso?

– São espíritos que perderam totalmente seus corpos espirituais.

– Meu Deus, que coisa horrível! O que esses espíritos fizeram para merecer isso, Lucas?

– Todos esses que você está vendo aqui foram políticos.

– Meu Deus! Sério isso? Políticos?

– Todos, sem exceção, trabalharam em administrações públicas e fracassaram. São prefeitos, vereadores, senadores, deputados, ministros, juízes, chefes, secretários, presidentes... enfim, tiveram a oportunidade de ajudar milhares de pessoas, mas fracassaram.

– Todos os que são políticos têm esse destino, Lucas?

– Todos os que recebem a oportunidade e fracassam.

– Quer dizer então que nem todos vêm para cá?

– Muitos não vêm. Aqueles que recebem a benção do serviço e cumprem corretamente com os seus objetivos, de acordo com a oportunidade oferecida, provavelmente estão nas colônias auxiliando na administração das cidades espirituais.

— Eu escrevi sobre isso no livro *Colônia Espiritual Laços Eternos*.

— Então você sabe que aqueles que não fracassam recebem o galardão da vitória.

— Verdade. Eu vi que eles trabalham nas administrações das colônias.

— Deus é bom, Osmar.

— E como.

— Qual é o destino desses espíritos, ou melhor, desses farrapos aqui, Lucas?

— O sofrimento.

— Eles não serão salvos?

— O tempo para esses espíritos é muito diferente do tempo daqueles que não perderam seus perispíritos. Deixa eu te explicar uma coisa: as primeiras encarnações do espírito são na forma mineral.

— Eu já estudei sobre isso.

— É na forma mineral que adquirimos a atração; no reino vegetal, a sensação; no reino animal, o instinto; e no reino hominal, o livre-arbítrio, o pensamento contínuo e a razão.

– Kardec nos ensinou isso.

– E é na forma mineral que o espírito começa sua construção perispiritual. À medida que vai evoluindo, seu patrimônio perispiritual se expande e ganha luz. Assim, na forma humana o períspirito é aperfeiçoado, para quando terminarem suas experiências evolutivas, ele estar pronto para os planos mais sublimes. Essa é uma explicação básica, espero que entenda.

– Entendo perfeitamente, Lucas. Eu sei que para o espírito viver nas cidades mais evoluídas, ele precisa de um corpo espiritual mais leve, menos denso, " mais perfeito", mais sublime.

– Isso mesmo. E quanto mais sutil for o seu períspirito, melhor será a sua condição na vida espiritual. Olhe para mim e para o Miguel... você reparou que os nossos corpos brilham nessas regiões escuras?

– Sim, até já relatei isso aqui nas minhas anotações para mencionar neste livro.

– Quanto mais sutil, mais iluminado, e quanto mais iluminado, melhor são os lugares nos quais consigo acessar. Conquistas, Osmar... essas são as conquistas através das encarnações, através do aperfeiçoamento. O contrário também acontece.

– Como assim, Lucas?

– Se não utilizar bem suas encarnações, ocorrerá a degradação natural do corpo espiritual. Exemplo disso são esses infelizes irmãos que você vê agora.

– Entendi, Lucas. Quanto "mais perfeito", melhor o perispírito... mais sutil, é isso?

– Olhe para a Nina. O que você vê quando olha para ela?

– Um farol a iluminar todos nós.

– Seja um farol, e Deus ficará muito feliz com você.

– Mas não é fácil se tornar um farol, não é, Lucas?

– Não é fácil, mas também não é difícil... só dependem de você suas conquistas.

– Sabe, Lucas, todas as vezes que vocês me convidam para escrever, eu me emociono. Não entendo muito bem por que tenho essa missão, pois vocês nunca me contam tudo, mas também não estou reclamando, só quero te dizer o quanto sou grato por essas oportunidades.

– Nós que agradecemos a você por nos permitir estar ao seu lado nessas obras.

– O que mais me impressiona em vocês é a humildade que todos têm.

– Ele nos ensinou a ser humildes, meu amigo.

– Eu sei, Jesus é exemplo em tudo.

– Venham – disse Miguel nos chamando para perto dele.

Caminhamos mais um pouco e avistamos vários espíritos amontoados sobre um cadáver – que parecia ter acabado de chegar.

Eu vi, com esses olhos que a terra há de comer, vários homens e mulheres arrancando pedaços do moribundo que agonizava... parecia cena de filme de zumbis. Eles comiam partes do homem caído no chão.

A briga estava instalada.

Mulheres comiam braços.

Homens comiam pernas.

Rins, fígado e tripas eram disputados a socos.

Eu virei o rosto horrorizado com aquela cena.

– Venham – disse Miguel nos chamando para segui-lo.

Rapidamente, saí dali.

– Ele deve estar por aqui... – disse um guardião.

– Quem estamos procurando, Lucas?

– Você vai ver.

Os guardiões caminhavam sobre os corpos apodrecidos dentro de um lamaçal.

Eles procuravam alguém.

Lucas, Miguel e eu ficamos às margens do lago fétido, esperando até que os dois guardiões encontrassem quem viemos buscar.

– Achei! – disse um deles.

– Traga-o até nós.

– Ele está em pedaços, traga a maca para mim – pediu o guardião.

O outro guardião foi até o local levando a maca que carregava em suas costas.

Após algum tempo, os dois voltaram trazendo na maca um homem em pedaços, desacordado e coberto com uma lona preta.

– Vamos sair deste lugar – disse Miguel.

Nos organizávamos para sair, quando fomos cercados por um grupo de zumbis que percebeu a luz que era emanada por Lucas e Miguel e queria, a todo custo, sugar suas energias.

Os guardiões, então, colocaram a maca no chão e se aproximaram de nós para nos defender, mas eram muitos os mortos-vivos. Meu coração disparou... pensei: e agora, o que irá acontecer com todos nós?

Os zumbis começaram a tocar em Lucas e em Miguel. Os guardiões, com suas lanças afiadas, atacavam os inimigos ferindo-os ainda mais, mas parecia que nada acontecia. Eles caíam e se levantavam mesmo faltando pedaços de seus corpos e vinham em nossa direção.

Foi quando o mais forte dos guardiões pegou um chifre que trazia no peito e tocou um som bem alto, como um berrante.

Imediatamente, os zumbis começaram a se afastar de nós, parecia que aquele sinal, aquele som, os incomodava muito.

Alguns outros guardiões chegaram para nos socorrer. Eram mais de vinte homens fortemente armados.

A paz voltou ao lugar. Todos aqueles zumbis se afastaram de nós... estávamos seguros novamente.

Os guardiões, então, pegaram a maca, e nos pusemos a sair daquele terrível lugar o mais rápido possível.

Caminhávamos lentamente e com muita dificuldade, pois a estreita trilha era muito escorregadia. Finalmente, chegamos ao local onde Nina e Felipe nos esperavam.

– Encontraram ele? – perguntou Nina ao nos ver.

– Sim, estamos com ele – disse Lucas.

– Vamos nos apressar – disse Felipe vindo em nossa direção e trazendo a Nina consigo.

Todos juntos, voltamos em direção à cabana.

Foi quando algo incrível nos aconteceu.

Uma luz muito forte apareceu no meio do caminho, parecia que chegava até nós uma falange de espíritos de luz.

Paramos e esperamos para ver quem se aproximava.

Felipe abraçou Nina para protegê-la.

Eu estava ao lado de Lucas.

Aquela visão nos deixou intrigados... quem seria? Por que tanta luz em nosso caminho? Quem seria o emissário que estava vindo em nossa direção? Por que ele estava fazendo isso?

Uma linda carruagem desceu do céu e parou à nossa frente.

A luz era tão intensa que clareou todo o lugar.

Após parar, a porta se abriu lentamente, e pudemos ver uma menina de uns 10 anos de idade descer e se aproximar de nós.

– O que você faz aqui, meu anjo? – perguntou Nina.

– Eu vim dar o perdão necessário a este homem – disse a garota.

– E quem é você, meu amor?

– Eu me chamo Elisa. Você é a Nina, não é?

– Sim, meu amor, eu me chamo Nina, Nina Brestonini.

– Eu vim aqui, Nina, para dar o perdão a este homem. Sabe, quando eu era menina, o meu pai procurou por ele para me socorrer. Eu estava muito doente e a minha morte poderia ter sido evitada, se ele tivesse exercido o cargo que ocupava com amor. Ele era o prefeito da minha cidade e se recusou a ajudar o meu pobre pai.

Deus havia tocado o coração dele lhe alertando do amor que ele precisava praticar, pois o cargo ao qual Deus havia confiado a ele era de suma importância para as pessoas pobres daquele infeliz lugar. Ao chegar na vida espiritual e, após duas outras encarnações, reencontrei o meu querido pai daquela vida. Eu consegui retirá-lo do Umbral, pois, após a minha morte, ele ficou tão desgostoso da vida que cometeu o suicídio.

Tudo isso pesou na consciência desse infeliz espírito que, agora, é transportado para receber novamente uma oportunidade. Eu quis vir até aqui para dar-lhe a benção do perdão. Para que ele nunca se esqueça de que o que todos temos pertence a Deus, e sendo administradores das coisas de Deus, não temos o direito de decepcioná-lo.

– Que lindo gesto o seu, Elisa.

– Obrigada, Nina! Tirem a lona que cobre ele, por favor – pediu Elisa se aproximando do moribundo.

Os guardiões, imediatamente, puseram a maca no chão e retiraram a lona que cobria o homem resgatado.

O que vi naquele momento, confesso que me assustou muito.

O prefeito do começo dessa história estava ali na minha frente. Seu corpo estava podre, em pedaços. Algo que confesso que nunca pensei que veria um dia.

Elisa se ajoelhou ao lado do moribundo e colocou sua mãozinha sobre a testa do morto.

Um feixe de luz violeta saiu de todo o seu corpo e iluminou aquele infeliz.

Eu vi, com meus próprios olhos, que a pele do homem começou a ter cor.

Ele começou a respirar novamente.

Imediatamente, os guardiões o cobriram de novo.

Elisa se pôs de pé e abraçou Nina.

– Obrigada, Nina, por me permitir ajudar esse homem.

– Elisa, você é um anjo bom, continue assim.

A menina olhou carinhosamente para todos nós e entrou na carruagem que, novamente, voltou aos céus, sumindo diante dos nossos olhos.

– Vamos, senhores, ainda temos uma longa caminhada – disse Miguel.

Caminhamos todos unidos e calados até chegarmos à cabana.

– Entrem, vamos descansar um pouco – sugeriu Felipe.

Entramos, e sobre a mesa tinham uma moringa e alguns copos para tomarmos um pouco de água.

Nos sentamos e nos entreolhamos relembrando tudo o que havíamos passado.

Os guardiões seguiram levando o prefeito para o posto de socorro, onde Márcia e Fernando trabalham.

Nós ficamos ali, sentados e olhando uns para os outros, até que Lucas começou a falar:

– Espero que todos aqueles que lerem este livro, se conscientizem dos riscos que correm ao fazer o mal. Existem lugares bons e lugares ruins para todos os espíritos, e temos certeza de que esse dia chegará, o dia em que a vida humana não será mais necessária, pois todos os espíritos terão conseguido a perfeição. O tempo é o nosso aliado nos mistérios divinos. Sempre que for permitido a nós, traremos informações evolutivas para todos aqueles que, de coração aberto, lerem essas obras.

– Eu tenho algo a falar, Lucas.

– Diga, Nina.

– O tempo tem nos mostrado que o amor é capaz de transformar tudo. A Elisa, após cento e três anos, voltou para socorrer àquele que teve a oportunidade de ajudar a ela e a tantos outros de sua cidade e não o fez. O que os governantes atuais precisam compreender e crer verdadeiramente é que há um administrador mais poderoso que qualquer cargo.

O governador de tudo sempre defenderá os que sofrem com as injustiças pela falta de amor. Nós que já estamos conscientizados de nossa realidade estamos no Universo para auxiliar todos aqueles que buscam ajuda em Deus.

Se você tem a oportunidade de auxiliar multidões, não desperdice nenhum segundo dela. Aproveite os momentos em que você diz acreditar em Deus e faça como Ele, seja um 'deusinho' dentro de suas possibilidades.

Tenha a certeza de que a vida vai te cobrar por suas obras.

Se creres mesmo que há algo Maior, ame o quanto puder.

Ampare o quanto desejar.

Aqueça os que sentem o frio das injustiças sociais.

Alimente os que têm fome da miséria imposta pelas Leis.

Acolha os idosos que perderam a esperança por acreditarem que o bem parte dos governantes.

Não conduza seu povo pelas ideologias destrutivas, intencionadas a escravizar mentes ignorantes.

Seja exemplo de hombridade, honestidade e lealdade para com aquele que te possibilitou estar no cargo que ocupas.

Deixe de lado a hipocrisia quando dizes que és crente em Deus.

Um dia, você vai precisar de alguém...

E que esse alguém possa ter dentro de seu âmago, o amor suficiente para te perdoar.

"A vida não se resume a esta vida."

Pensem nisso!

Deus abençoe todos vocês.

Nos abraçamos e voltei para a minha simples vida, certo de que só o amor vale a pena.

Fim

Dedico esta obra aos meus companheiros do Hospital Espiritual Amor e Caridade.

www.hospitalamorecaridade.org

Outros títulos lançados por Osmar Barbosa

Conheça outros livros psicografados por Osmar Barbosa. Procure nas melhores livrarias do ramo ou pelos sites de vendas na internet.
Acesse
www.bookespirita.com.br
www.compralivro.com.br

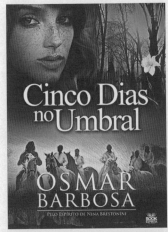
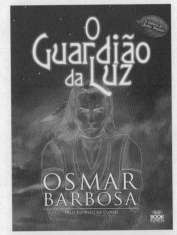

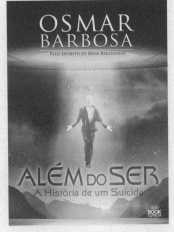

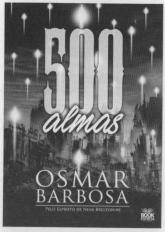

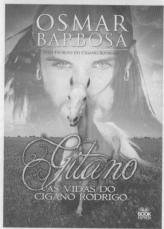

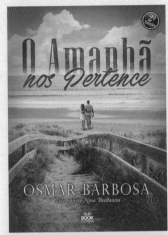

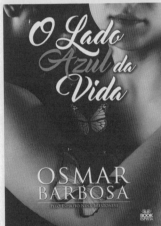
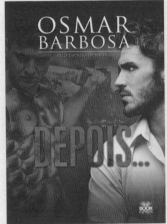
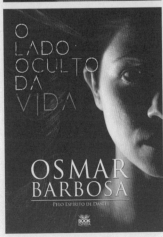
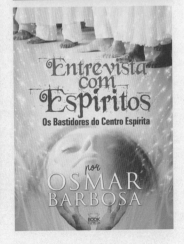

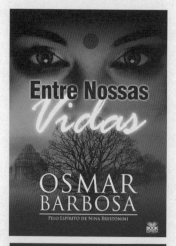
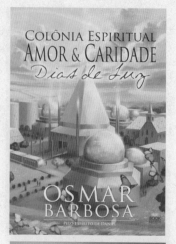
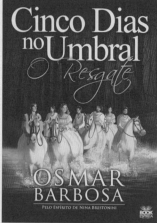

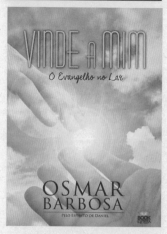
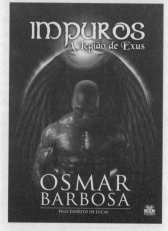

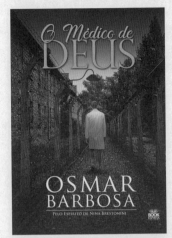

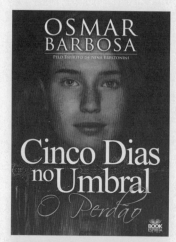
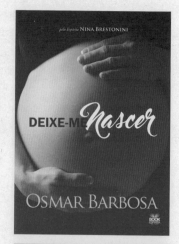
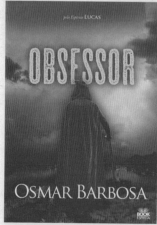
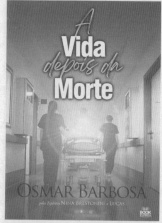

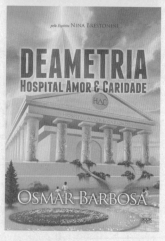

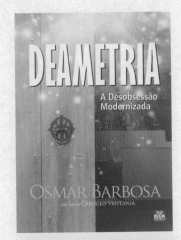
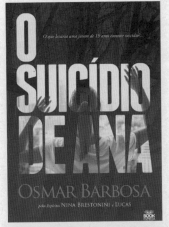
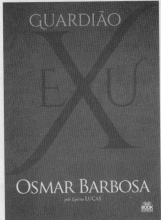
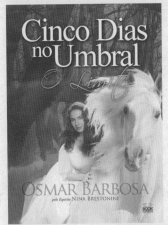
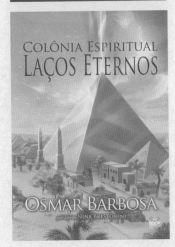

Esta obra foi composta na fonte Century751 No2 BT, corpo 13.
Rio de Janeiro, Brasil.